Poésies
de
Paul Arène

Préface d'Armand Silvestre

PARIS

ALPHONSE LEMERRE, ÉDITEUR

23-31, PASSAGE CHOISEUL, 23-31

M DCCCC

8·Ye
5108

JUSTIFICATION

IL A ÉTÉ TIRÉ DE CE VOLUME DEUX CENTS EXEMPLAIRES
TOUS NUMÉROTÉS

DONT :

25 sur papier Impérial du Japon
de I à XXV

25 sur papier de Chine
de XXVI à L

150 sur papier de Hollande de Van Gelder
de 51 à 200.

N° 199.

PAUL ARÈNE

Poésies

de

Paul Arène

Préface d'Armand Silvestre

PARIS

ALPHONSE LEMERRE, ÉDITEUR

23-31, PASSAGE CHOISEUL, 23-31

M DCCCC

PRÉFACE

Il appartenait à un de ceux qui ont le plus fidèlement et le mieux aimé Paul Arène, à Angelo Mariani, confident de ses pensées et même de ses secrets, de réunir en volume ses vers épars dans les journaux, dans les revues, dans ses cahiers d'écrivain, dans les lettres qu'il adressait à ses amis et dans la mémoire de ses compagnons ordinaires, ne fût-ce que pour rappeler à ses admirateurs que le conteur immortel de *Jean des Figues*, de la *Chèvre d'or* et de *Domnine*, — pour ne citer que trois chefs-d'œuvre — était doublé d'un des poètes les plus exquis de ce temps. Nous le savions bien, nous tous qui aimions l'entendre réciter, dans les bois, ses rimes légères ou chanter après boire ses vaillantes ou ironiques chansons. Mais la foule ne s'attarde pas à saisir, au vol, ces feuilles que le vent emporte, et c'est une œuvre de piété, en même temps que de justice, de les recueillir, pendant qu'il en est temps encore, dans les souffles d'automne qui tournoyent, pour la troisième fois, autour de sa tombe encore fleurie.

En réalité, le prosateur et le poète ne firent qu'un en lui. Ce qui le distingue, au même point, sous les deux aspects différents, c'est l'absence absolue de cette chose odieuse qu'est le métier. Courteline, un vrai lettré aussi, me disait, un jour, en me parlant des contes de Paul Arène : « C'est superbe et on ne voit pas comment c'est écrit. » Dans ses poésies, non plus, c'est-à-dire dans une expression plus intime encore de sa nature, — car c'est dans le rythme surtout que le poète affirme, même inconsciemment, les sincérités de son âme, — on ne rencontre que lui-même. Il chante comme il écrit, par un don merveilleux de donner aux autres le meilleur de soi dans une formule harmonieuse, comme l'oiseau, comme la source, comme le zéphyr. Volontiers il se comparait à la cigale. Mais c'était une coquetterie provençale et une modestie de son talent. Bien plutôt il fut l'abeille qu'autrefois entendit bourdonner l'Hymète et qui, immortelle à travers les âges, nous apporta, dans son miel, un peu du soleil d'Ionie.

Dans ses strophes libres et paresseuses, avec la pureté antique et la musique innée des lyres vibrant sous les lauriers roses, vous trouverez, à côté d'une précision admirable, une immatérialité insaisissable de moyens. Il ne faut pas plus leur demander le secret pénétrant de leur charme, qu'à la gemme qui cristallise dans les profondeurs mystérieuses des roches, la raison de son âme troublante et de sa limpidité. Son inspiration est d'ailleurs tellement adéquate à l'expression de sa pensée qu'elle se module sans efforts, et comme une nudité charmante se glisse dans un vêtement léger où elle transparaît délicieusement.

Oh! le beau et doux païen qui semble échappé d'hier des Panathénées! La douceur des philosophes anciens plus épris de nature que de science, l'intimité familiale du foyer emplissant l'exil de la piété des souvenirs, une imagination toute bucolique et fidèle à la vie des champs où l'être a grandi parmi les choses en aimant jusqu'au moindre brin d'herbe, une vision claire où rien ne se meut qu'en plein soleil, une grande tendresse d'âme s'exhalant vers ses amis en confidences affectueuses, un amour infini et respectueux de la

Femme traitée en idole dont on a quelquefois pitié, çà et là les virilités d'une âme vraiment patriote et citoyenne : je vois bien toutes les sources où son jeune génie a trempé ses lèvres, à l'heure mystérieuse, sans doute, où la brume matinale enveloppe encore l'approche troublante des eaux.

Il avait ce stigmate glorieux d'atavisme, et ce sceau d'origine grecque, de ne concevoir le vers que chanté, soit qu'il scandât les siens d'une voix particulièrement musicale, soit qu'il entonnât bravement ses propres refrains, adorant, dans la chanson, cette forme familière de l'ode qui lui faisait admirer Pierre Dupont presque à l'égal de Hugo lui-même. Mais, comme Horace quelquefois, il enfla sa voix aux vigueurs sonores de l'épopée, comme dans ce beau *Noël en Mer* où le vieux Thamus apparaît aussi grand que les héros de *la Légende des siècles*. Certes ce beau et court poème demeurera dans les anthologies; mais celles-ci auraient tort de ne pas recueillir aussi quelques-unes de ces intimités charmantes avec le ciel, les verdures rares et les oiseaux familiers de Paris ou de ses banlieues, qui donnent une note si nouvelle, si sincère, si émue, si fraîche dans la poésie contemporaine, qu'on dirait qu'un peu de l'âme panthéiste de La Fontaine y fraternise avec l'esprit d'Horace. Ces voyages exquis des jardins de Tibur aux ombrages du Luxembourg mettent, aux blancheurs teintées de gris par l'écriture de la page, comme un harmonieux frisson de voile s'enflant légèrement et à peine courbée comme l'aile d'un cygne.

Paris avait effroyablement conquis, avait fait sien violemment ce fils pourtant fidèle de Provence et qui ne voulut cependant s'endormir qu'à l'ombre des oliviers fraternels. D'un amour égal, il aima les belles filles d'Arles aux chevelures presque bleues, et les mignonnes pécheresses parmi lesquelles les peintres et les sculpteurs trouvent d'ailleurs des modèles dignes d'Apelles et de Phidias. Car Montmartre aussi est une façon d'Hymète dont toutes les abeilles ne sont pas laborieuses, mais bourdonnent gaîment et portent une jolie poussière d'or au velours de leurs corsets.

Et Paul Arène caressa toujours ce rêve de poète d'en mêler les races délicieuses, en amenant un peu de Provence à Paris, en ces fêtes félibréennes de Sceaux où son cœur se gonflait, jusqu'au bord, de ces deux tendresses jumelles. Et vraiment il était, par sa nature, comme un trait d'amour vivant, entre ces deux charmes si divers qu'il confondait dans une adoration commune, dans un culte également fervent d'où montaient des refrains de farandoles et des alleluias d'amour.

Car ce qui domine, dans ce volume d'inspirations si différentes, c'est la tendresse. Si païens qu'ils soient, si imprégnés d'amours bohèmes, si joyeusement ironiques, tous ces vers sont bien de celui qui débutait comme poète, en 1853, par ces stances naïves et émues, pieusement conservées dans sa famille :

A notre Mère,

> Chère maman, quand les Rois Mages
> Se mirent tous trois en chemin
> Pour adorer l'Enfant divin
> Et lui présenter leurs hommages,
>
> Ils portaient de riches présents,
> Et ces monarques de l'Asie
> Offrirent au Fils de Marie
> La myrrhe, l'or, avec l'encens.
>
> Et nous, pour célébrer ta fête,
> Maman, nous n'avons à t'offrir
> Qu'une modeste violette,
> Bien près encor de se flétrir.
>
> Mais si l'offrande n'est pas grande,
> Souviens-toi, pour notre bonheur,
> Maman, que la meilleure offrande
> Est encor celle d'un bon cœur.

Paul Arène avait alors dix ans. Avec la même

religion, son frère et sa sœur ont conservé les premiers vers qu'il ait eus imprimés, en 1862, dans une revue. Ils sont d'un trop aimable sentiment, et d'une forme trop proche de la régularité parfaite, pour que je résiste au plaisir d'en citer encore quelques vers. Le titre est *Château idéal :*

. . . .
Un château dans les arbres verts
Élève ses fines tourelles
Où les rimeurs chantent des vers,
Où vont nicher les hirondelles.

Dans le grand salon du manoir
Et sur les pelouses fleuries,
Ce sont, du matin jusqu'au soir,
D'interminables causeries.

Plus d'un poète jeune encor,
Aux pieds des dames amoureuses
Éveille sur sa harpe d'or
Un essaim de rimes joyeuses.

Plus d'un page au regard moqueur,
Pour s'attirer un doux sourire,
Y fait claquer d'un air vainqueur
Le fouet léger de la satire.

Adolescents, rêveurs et fous,
Cœurs amoureux de poésie,
Ce château, le connaissez-vous?
C'est le château de fantaisie.

Une simple romance, avant les viriles et joyeuses chansons. Un air écrit pour les notes tremblotantes du vieux clavecin familial, avant les purs accents de la flûte champêtre et du clairon patriote. Un enfantillage, mais où les amis du Poète trouveront déjà un peu de cette imagination gracieuse à qui le vers court, aux rimes plus serrées, convenait déjà mieux que la majesté de l'alexandrin. La perte de cette simple curiosité littéraire n'eût d'ailleurs compromis en rien la gloire du Poète. En revanche, celle-ci se fût encore certainement accrue si plusieurs poèmes n'avaient été trouvés, dans les manuscrits de Paul Arène, à un état trop fragmentaire encore pour pouvoir être présentés dans ce que son œuvre eut d'achevé, mais dont les strophes recueillies font vivement regretter le reste. Tel son poème *le Léthé* qui commence par ces beaux vers :

> Au travers d'un vallon perdu
> Que surplombent des rocs sauvages,
> Cette nuit je suis descendu,
> Léthé, sur tes sombres rivages.
>
> Je voulais voir ce sombre bord
> Où luit, dans une ombre éternelle,
> Ton eau froide comme la Mort
> Et consolatrice comme elle.
>
> Je voulais puiser, à mon tour,
> Dans cette onde où sont venus boire
> Tous les désespérés d'amour,
> Tous les désabusés de gloire...

Mais, hélas! tant de lèvres ont bu à tes flots (la strophe manque).

> Tant d'Hélène et tant de Pâris,
> Et tant d'Agamemnon farouches,
> Que tes flots lourds se sont taris
> Au baiser brûlant de leurs bouches!
> . . . .
> De ses filaments chevelus
> Le laurier rose qui te pleure,
> Dans ton galet ne trouve plus,
> O Léthé, de quoi vivre une heure.

Le Léthé n'est plus qu'un ruisseau courant entre les pierres, avec des roseaux séchés où les oiseaux font leur nid.

> Mais un beau jour le temps se fâche,
> L'averse gonfle le ruisseau,
> Et le nid, qu'un brin d'herbe attache,
> S'élève en même temps que l'eau.

Le fleuve redevient torrent, mais un torrent vite desséché à nouveau.

> Car, hélas! il en est venu
> Tant et tant et de telle foule
> Qu'aujourd'hui, lit de cailloux nu,
> Plus rien ne luit, plus rien ne coule.

> Montons plus haut, tout seuls, tout seuls,
> Aux clartés de la lune amie,
> A la grotte où, sous les glayeuls,
> La naïade s'est endormie.

> Mais, sous la voûte des rochers,
> Aucun bruit d'argent ne résonne;
> Sous les lauriers roses séchés
> L'écho ne répond à personne.
>
> Cet homme qui va son chemin,
> Ce moissonneur tremblant de fièvres!
> Ne saurait au creux de sa main
> Prendre de quoi mouiller ses lèvres

Il eût été malheureux, n'est-ce pas, que ces beaux fragments, ces *disjecta membra poetæ* eussent été à jamais perdus. Avec la même piété, et la même inquiétude de n'en retrouver qu'imparfaitement, pour en nouer entre eux les débris, la trame cassée et souvent interrompue, j'en recueillerai encore dans l'*Embarquement pour Cythère* d'un caractère tout différent, dont les vers semblent des touches légères rajeunies sur le ciel immortellement bleu et rose de Watteau :

> Holà, cavaliers qui buvez,
> Holà, galantes qui rêvez,
> Laissez les rêves et le verre!
> Les zéphyrs se sont élevés.
> Un vent léger souffle de terre.
> Sur ma barque aller et retour,
> Qui veut s'embarquer, qui veut faire
> Un petit voyage à Cythère,
> Un petit voyage d'un jour?
>
> Vrai Dieu, le joli capitaine!
> Dans tous les ports on le connaît.

Il doit avoir quinze ans à peine :
Cheveux d'or et rouge bonnet.
. . . .
Entrez ! Entrez dans ma galère !
Un baiser, aller et retour !
Payez-moi vite et l'on va faire
Au pays charmant de Cythère
Un galant voyage d'un jour.

Vrai Dieu ! quelle foule dorée
Ruisselle et brille sur les quais.
Pressez-vous donc, mon adorée,
Car la plupart sont embarqués.
Allons ! la belle en robe rose,
Le pied sur les planches ! — Je n'ose !
Et, toute tremblante, elle pose
Son fin pied chaussé de satin ;
La bandelette où le vent joue
En la voyant faire sa moue,
Soufflète doucement sa joue.
Le capitaine est à la proue ;
L'air est pur, le soleil léger.
Les dauphins gais font de leur queue
Jaillir les perles de l'eau bleue,
Le joli temps pour voyager !

Puis une strophe trop incomplète pour pouvoir être citée. Ici le rythme change et s'élargit :

Déjà sur l'horizon, déjà dans les cieux bleus,
Avec son bois sacré, l'île sainte se dresse.
La mer, la vaste mer, l'étreint d'une caresse,
Ainsi qu'en ses bras blancs un jeune homme amoureux
    Étreint sa première maîtresse.
. . . .
Salut, île d'amour ! Salut, île sacrée !

Notre bateau bientôt, de sa pointe dorée,
S'enfonce dans le sable où luisent des saphirs.
Salut, île d'amour ! Salut, île sacrée,
Bois de myrthe et de pins ! . . . .

La nuit est venue, indique une note du poète...

>   Et les sirènes font escorte,
>   Cabriolant sur les flots bleus,
>   A la galère d'or qui porte
>   Ce gai cortège d'amoureux.
>
>   Par-dessus l'eau chantante et claire
>   Les sirènes cambrent leurs reins
>   Pour voir se glisser la galère
>   Sortant de leurs antres marins.

Elles rassurent les passagers.

. . . .
>   Et ne craignez pas de tourmentes.
>   Demain les flots seront cléments
>   A la galère des amantes,
>   A la galère des amants.

Le capitaine fait descendre les passagers qui offrent des colombelles à Vénus, et ce joli poème, dont les premières stances rappellent l'allure joyeuse des premiers poèmes d'Alfred de Musset, se termine par un cri de sagesse jeté au vent parfumé de lauriers roses.

>   Et vivent les amours d'une heure !
>   Vivent les amours d'un matin !

On ne lira pas sans attendrissement cet autre fragment sans titre et qui est, sans doute, comme une confession moins lointaine du poète, après l'heure du désenchantement. Il est certainement adressé à une femme et se termine par un admirable cri d'amour.

. . . .
Oui, plus d'un obscur diamant,
Vaguement rêvant la lumière,
Languit dans la gangue première
Et sommeille éternellement.

D'autres, frappés par les orages
Et d'un coup de foudre arrachés,
Sur les grèves et les rivages,
Et les galets et les rochers.

Mais pas une tache de boue
Sur le caillou brouillé, roulé,
Aussitôt qu'un rayon se joue
Sur son cristal inviolé.

Tel mon cœur s'en va, gemme usée.
La vase où poussent les roseaux
Roule, également irisée,
Dans la vague des grandes eaux.

Tel mon cœur usé par la vie
Attend son clair rayon vermeil.
— Prends mon cœur! va! je t'y convie.
Il attend ce soir le soleil.

Quelques mots de sagesse résignée, après ce bel élan de mélancolie.

> Fille de ferme, ou Cydalise,
> Dans le salon, près des moutons,
> Nous rêvons, avant qu'on le lise,
> Le roman que nous écoutons.
>
> Cependant il est vrai de dire
> Que malgré tous leurs embarras,
> Tout cet amour et ce délire
> A nos cœurs ne suffirait pas,
>
> Et que, dans l'humaine bataille,
> Bien sûr de ne jamais trouver
> D'aventure bien à sa taille,
> On fait bien mieux de la rêver !

Mathurin Régnier n'eût pas mieux dit, et Horace pas davantage qui, dans une satire fameuse, recommande l'illusion facile, aux amoureux pour qui les princesses sont inclémentes.

Un joli coin de paysage, en passant :

> . . . .
> Les industrieuses abeilles
> Font leur miel du parfum des fleurs.
> Nous, nos strophes les plus vermeilles
> Sont teintes du sang de nos cœurs.
>
> Écho sous ces sombres allées
> S'égare et rit comme autrefois,
> Et les sources inconsolées
> Pleurent toujours au fond des bois.

Autre court tableau des champs.

> . . . .
> Les roseaux comme des épées

> Vibrent dans le ciel empourpré,
> Et des courges au bord d'un pré
> Font un champ de têtes coupées.

Quelques vers encore jetés au vent, sur la plage où quelque belle promeneuse s'attardait sans doute :

> . . . .
> Amours et fleurs sont périssables.
> Mais le parfum reste immortel.
> Pareille ta corolle et tel
> Ton parfum vague, ô lys des sables !

Enfin ce quatrain isolé qui terminait certainement une pièce et qui en fait vivement regretter le reste.

> . . . .
> Je revins, effeuillant mes rêves. Du bouquet
> Il ne me reste rien qu'une feuille cueillie,
> Un jour de grand soleil et de mélancolie,
> Aux fentes d'un vieux mur où votre ombre manquait.

Je ne sais rien de plus exquis que ce dernier vers, dans sa mélancolie imagée. De vrais vers de poète, n'est-ce pas, que tous ceux-là !

Nous avions d'abord pensé à réunir tous ces fragments à la fin de ce livre. Mais le scrupule nous a pris d'en atténuer l'effet dans le cours du volume, par le commentaire courant qu'ils nécessitent, et nous avons craint d'alourdir, de notre prose, cette jolie envolée de vers de Paul Arène, pareille à celle d'un essaim s'échappant, de sa tombe lointaine, comme d'une ruche d'immortalité, et dont aucun bruit étranger ne devait interrompre l'harmonieux bourdonnement.

C'est pourquoi nous les avons groupés, de notre mieux, dans cet avant-propos, et aussi parce que nous avions à en tirer une conclusion qui en ressortira plus nettement. Ce recueil posthume, que les lettrés devront à la piété d'un ami, suffit certainement à la gloire du poète, mais n'en donne pas la mesure.

Le vers de Sainte-Beuve sur

> Le Poète, mort jeune, à qui l'homme survit,

ne s'applique certes pas à Paul Arène qui fit des vers toute sa vie et dont la prose musicale demeure toujours, elle-même, œuvre de poète. Mais, dans le rêve ensoleillé de Provence qu'il avait emporté tout entier sous le ciel pâle de Paris, il goûtait je ne sais quelle nonchalance patricienne, jusqu'à se dérober à cette simple besogne d'ouvrier qui consiste à noter ses impressions.

Les pages oubliées et sans ordre, où nous avons moissonné et où nous craignons d'avoir laissé de précieux grains, portent la trace de cette magnifique paresse, de cette indifférence royale. Jamais son crayon ne s'attarde à polir le vers entrevu. Si celui-ci n'est pas sorti d'un jet, comme une perle, comme une gemme, il en indique, pour ainsi dire, d'une touche, la couleur, au moyen de la rime, et remet à plus tard le soin d'en définir le contour. Celui-ci apparaît cependant nettement par le mouvement de la strophe, non seulement plausible, mais presque nécessaire. Le plus petit effort de métier et le vers était complet, étincelant. Mais l'inspiration a déjà porté plus loin ses ailes. Et voilà pourquoi tant de poèmes exquis ou puissants, et dont seulement quelques lignes inégales demeurent, sont restés, pour ainsi parler, inécrits.

Certes, ils sont d'un grand poète, ces vers du *Noël en Mer* dont PARIS NOËL eut la primeur, que chante le vieux Thamus, sa barre de pilote au poing, en pleine mer, pendant que naît Jésus à Bethléem.

Les démons ont dit vrai, mon fils; depuis le temps
Que Jupiter jaloux foudroya les Titans,
Et depuis que l'Etna mugit, crachant du soufre,
L'homme est abandonné sur terre, l'homme souffre,
Peinant toujours, gelé l'hiver, brûlant l'été,
Sans te vaincre jamais, ô maigre pauvreté!
Qu'il vienne donc! Qu'il vienne enfin, l'enfant débile

Et divin, de longtemps promis par la sibylle :
Qu'il vienne, celui qui, détrônant le hasard,
Doit donner à chacun de nous sa juste part
De pain et de bonheur : Plus de maux ! Plus de jeûnes :
Les dieux sont bons parfois, mon fils, quand ils sont jeunes.

C'est la belle langue d'André Chénier dans l'*Aveugle,* d'essence antique et commençant l'effort d'où jaillit enfin, et dans ce siècle seulement, un hexamètre français digne de l'Épopée. Je signale la même inspiration dans les fragments du *Léthé* que j'ai cités. Ils témoignent de l'ampleur dont eût été capable ce facile génie qui se contenta de vers aimables et de chansons.

Comment le dernier adieu que lui adressent ceux qui l'admirent ne s'attendrirait-il pas au souvenir de l'homme que fut ce poète? Celui-là vécut vraiment son œuvre de droiture et de beauté. A vrai dire, pendant que ses romans et ses contes, assurant à sa vie la dignité d'un noble labeur, étaient, pour le vrai public lettré, de véritables délices, ses amis seuls connaissaient ses vers. Ils leur avaient chanté, à l'oreille, pour la première fois, sous les ombrages du Luxembourg, dans quelque promenade à Sceaux, cette Provence en miniature qu'il s'était faite, dans l'atelier de Charles Toché, ou bien à la table dominicale du comédien Silvain où deux voix, harmonieuses et savantes, les guettaient au passage pour les noter, ou bien encore sous quelque tonnelle de banlieue où il aimait à s'arrêter parmi les bonnes gens. Et toutes les fois que nous nous retrouvions avec lui, nous les lui redemandions encore. Les vers d'Arène furent pour nous comme ces chansons de pâtre que personne n'a jamais vues écrites, mais dont la mémoire fait un grand chemin.

Ainsi, dans un décor varié, charmant, mais où flottait toujours un peu de fantaisie bohème, avons-nous rencontré, tour à tour, sous ses traits, le disciple d'Horace qui terminait ainsi une ode trop rapide :

> Qu'importe si le ciel est sombre
> Puisque nous avons la forêt?
> Son feuillage ardent, qui paraît
> Plus ravissant au sein de l'ombre,
> Nous garde en ses rameaux vermeils,
> Dans ses feuilles d'or pur baignées
> Et de longs rayons imprégnées,
> Le souvenir des vieux soleils!

le petit-fils de Tyrtée qui s'écriait, dans une chanson guerrière pleine d'un amour éperdu de la Patrie :

> Demain, sur leurs tombeaux,
> Les blés seront plus beaux,

> Serrons les lignes !
> Nous aurons, cet été,
> Du vin aux vignes,
> Avec la liberté.

L'Anacréon un instant mélancolique semblait écrire ainsi sa propre épitaphe :

> L'air est si chaud que la cigale,
> La pauvre cigale frugale ;
> Qui se régale de chansons,
> Ne fait plus entendre les sons
> De sa chansonnette inégale,
> Et, rêvant qu'elle agite encor
> Ses petits tambourins de fée,
> Sur l'écorce des pins chauffée
> Où pleure une résine d'or,
> Ivre de soleil, elle dort.

Aujourd'hui, comme sa sœur la cigale, le poète s'est endormi. Il repose en plein cœur de son pays, et dans sa ville natale. Autour du monument où revit son image, les belles filles de Provence qu'il a chantées viennent écouter, le soir, des paroles d'amour où passa, sans doute, pour les faire plus douces, un peu de son âme, qui tintent plus sonores dans la nuit claire que découpe son ombre.

Dans ce livre aussi, plein de musiques tendres et naïves, comme dans une urne du plus précieux métal, fut recueilli le meilleur et le plus durable de ce noble et généreux esprit, ce que ses espérances eurent de plus joyeux, ce que ses souvenirs eurent de plus attendri, la fleur même de cette vie trop tôt tranchée, son trésor d'aspirations vers le Beau et de généreuses colères, des tendresses et des désespoirs également sincères, les cendres à jamais vénérées et pleurées de l'étoile qui brûlait au cœur de Paul Arène et qui brillait sur son front.

Armand Silvestre.

6-10 novembre 1899.

I

SONNETS

SONNET DE MARS

A mon ami Joseph Gauthier.

C'est un matin de mars qu'elle m'est revenue,
Éveillant le jardin d'un bruit de falbalas,
L'enfant toujours cruelle et toujours ingénue
Que je n'ai point aimée et qui ne m'aimait pas.

Le givre s'égouttait aux branches, mais plus bas
La neige ourlait encor les buis de l'avenue ;
Et le frisson d'hiver, sous leur écorce nue,
Emprisonnait le rire embaumé des lilas.

Un clair rayon brille soudain : « C'est moi ! » dit-elle.
Dans l'air moins froid passa comme un cri d'hirondelle,
Je la vis me sourire et crus avoir seize ans ;

Et depuis, quelquefois, je me surprends à dire,
Songeant à ce rayon, songeant à ce sourire :
C'était presque l'Amour et presque le printemps.

SONNET D'AVRIL

Aux petites villas parisiennes, vers
Les cîmes de Meudon et les plages d'Asnières,
Sous le souffle attendu des brises printanières
Quelques volets se sont discrètement rouverts.

Par les petits sentiers poudrés de bourgeons verts,
Et dont la feuille morte a comblé les ornières,
Nous irons oubliant les tristesses dernières,
Nous aimer comme on fait après tous les hivers.

Cette heure de bonheur nous sera pardonnée ;
Aimons-nous en un jour pour toute notre année,
Puis, quand viendra le soir et si nous sommes las,

— A côté du péril, la paix semblant plus douce —
Nous pourrons tous les deux nous asseoir dans la
Pour regarder Paris à travers les lilas. [mousse

SONNET D'AOUT

A moun ami meste Bremond de Darboussiho.

A l'ombre du gerbier géant l'airée est prête;
Le fermier, dans le rond où s'entassent les blés,
Fait tourner, retenant leurs licous assemblés,
Six chevaux camarguais vifs comme la tempête.

Sous l'ardent soleil d'août ils vont : regardez-les!
Et le sol dur résonne, et rien ne les arrête.
Lui, suant mais joyeux comme au jour de sa fête,
Rêve de sacs d'écus et de greniers comblés.

Cependant le soir vient et la brise se lève;
La paille en tourbillons vermeils comme son rêve
Monte, se colorant aux rayons du couchant;

Et, tandis que décroît le galop circulaire,
Le rustique songeur, droit au milieu de l'aire,
Dans un nuage d'or voit sa ferme et son champ.

20 septembre 1891.

SONNET DE DÉCEMBRE

C'est l'hiver! grelottante et brave, tu me dis : [tortes
« Sortons, le froid m'égaie... » Un lierre aux branches
Sur le ciel pâle et clair dessinant des eaux-fortes,
Laisse un peu de verdure à l'angle du mur gris.

Les rossignols frileux rôdent autour des portes.
Beaux chanteurs imprudents que la neige a surpris!
Et le parfum léger des violettes mortes
Semble flotter encor sur les gazons flétris.

Restons plutôt, mignonne, il sera bon de vivre
Tous deux seuls, cependant qu'aux fenêtres le givre
Mettra sa broderie entre le monde et nous,

Et d'attendre, oublieux des hommes et des choses,
Que la vitre éclaircie aux feux d'un mois plus doux
Nous laisse voir enfin le jardin et les roses.

REQUIEM

Pars, puisque tu le veux. Pars, et laisse le deuil
Avec ton souvenir dans la maison muette;
Pars vite et sans adieux et sans tourner la tête,
Des pleurs pourraient ternir l'éclat pur de ton œil.

Marche au but qu'ont marqué ta folie et l'orgueil.
Que rien ne te fléchisse et que rien ne t'arrête;
La porte est grande ouverte et la voiture prête,
Je veux t'accompagner tranquille jusqu'au seuil.

Un autre irait, pareil au pauvre qu'on repousse,
Triste et suivant de loin la trace de tes pas;
Tu me verras plus fier... Surtout n'espère pas!

Que jamais contre toi mon regret se courrouce;
Car seule aux jours amers ta lèvre me fut douce
Et je n'ai su trouver l'oubli qu'entre tes bras.

HOC ERAT IN VOTIS

A Armand Silvestre.

Je voudrais habiter, ermite en plein Paris,
Dans le quartier bourgeois et neuf qui les renferme,
Cette vieille maison avec ses airs de ferme,
Et ce petit jardin qui fut un champ jadis.

Le bon endroit pour vivre heureux et piocher ferme,
Les journaux trop bavards y seraient interdits,
Et le seul espalier payant l'argent du terme,
J'aurais pour moins que rien cet humble paradis.

La chambrette, joyeuse et claire et qui domine
Le jardin, sentirait en mai la balsamine;
Aux mois chauds, une odeur de grappe et du fruit mûr.

Et l'hiver, quand le ciel rit par un coin d'azur,
A travers les rideaux qu'un rayon illumine,
Des ombres de moineaux passeraient sur mon mur.

LE BEAU VOYAGE

A Mademoiselle X...

Sur cette coquille de noix,
Par vous pavoisée et dorée,
Si vers Arles ville sacrée
On débarquait ce prochain mois,

Fières comme fille des rois,
Mais douces à qui leur agrée,
Les Mireilles de la contrée
S'en allant l'éventail aux doigts

Par les Aliscamps, dans les tombes
Où viennent boire les colombes,
Où l'amour joue avec la mort,

Diraient à vous voir pâle et brune
Avec ces grands yeux : « C'est quelqu'une
De nos sœurs qui nous vient du Nord ».

RÉSURRECTION

Depuis, le ciel voilé d'un crêpe en marqua l'heure,
Que le Galiléen pâle comme Adonis
Gît dans la grotte aride où ses frères l'ont mis,
La montagne est sans fleurs et Madeleine pleure :

— « Jasmins, roses, autour de la triste demeure
« Qui garde pour toujours nos cœurs ensevelis,
« Vous n'embaumerez plus, jasmins, roses et lys,
« Puisque le mal triomphe et s'il faut qu'un Dieu
[meure. »

Mais voici que, chassant la Mort et les hivers,
Un souffle d'espérance a parcouru la plaine ;
Pâques renaît dans le frisson des rameaux verts,

Et sur le roc soudain fleuri de marjolaine,
Un ange s'est assis qui montre à Madeleine
Le blanc sépulcre vide et les cieux entr'ouverts.

ATHÉISME

SONNET PHILOSOPHIQUE

Un tailleur, entre cent tailleurs,
Tous les quinze, venait sans faute
M'apporter sa petite note
Avec de petits airs railleurs.

Tout s'en va, même les meilleurs !
Du tailleur la mort fit son hôte,
Fuyant notre terrestre crotte
Ce cher tailleur s'en fut ailleurs.

Depuis ce temps, plus de nouvelle
De mon tailleur. A tire d'aile
S'est-il au séjour des élus,

Enfui ?... Quatre mois révolus,
Et mon tailleur ne revient plus !
Non, l'âme n'est pas immortelle.

POUR UN ÉVENTAIL

Si les ondines et les fées,
Maintenant ainsi qu'autrefois,
Sur une coquille de noix
Naviguaient, de corail coiffées ;

Et si j'étais — car nous aimons
Suivre parfois d'étranges rêves, —
Un des minuscules démons,
Rois de la mer bleue et des grèves,

Je ne voudrais d'autre travail
Que d'agiter cet éventail,
Pour faire une brise légère.

Qui pousserait tout doucement
La barque vers un port charmant...
Et vous seriez la passagère.

CARTE A PAYER

Par le coin des rideaux, pâle et les mains rougies
Le matin frissonnant glisse un regard jaloux,
Et contemple, tableau mélancolique et doux,
Notre table et les grands débris de nos orgies.

La bisque, cette nuit, déploya ses magies,
Toutes ces dames ont quelqu'un sur leurs genoux
Et les flacons vaincus gisent sous les bougies.
Trois heures! Une voix soupire : — Réglons-nous?

Des garçons indiscrets s'avance le cortège :
La carte... froid sinistre et silence profond.
Ces dames s'agrafant voilent leur sein de neige.

On se fouille. Les yeux levés vers le plafond,
Graves, sans voir le nez que leurs convives font,
M.... dit peut-être et R.... que sais-je?

LE CABARET

Sur le treillis de fer, une vigne dorée
Ouvre ses rameaux verts pleins de grains de métal ;
L'enseigne est peinte avec un luxe oriental,
On y lit : *Bonne bière et vins de la contrée.*

A Paris, l'air épand les senteurs d'hôpital,
Et cette halte faite au village m'agrée :
Qu'on me verse un bon vin, populaire et brutal !
Sa verdeur sera douce à ma gorge altérée.

Avec ces paysans qui sont venus s'asseoir
A ma table, je veux m'enivrer ; et ce soir
Vers l'heure où la nuit claire aux étangs bleus se mire,

Étendu sur le dos, dans un champ labouré,
Entre deux toits couverts de chaume, je verrai
La lune sympathique et pâle me sourire.

POLICHINELLE

O la belle chanson, toute du même ton,
Vieille comme la Joie et comme elle éternelle,
Dont l'air fantasque semble, âpre et sans ritournelle,
Fait de soupirs d'amour et de coups de bâton !

Quand la brise des bois l'apporte sur son aile,
Le vin bout dans la grappe, et le cœur de Marton
S'ouvre naïf ainsi que la rose en bouton...
C'est la grande chanson du grand Polichinelle.

Tout doré, le nez rouge et la pratique aux dents,
Remplissant terre et cieux d'appels gais et stridents,
Polichinelle est roi, Polichinelle danse.

Et le diable prend peur au bruit de ses sabots,
Et le bourreau, subtil pourvoyeur de corbeaux,
Se pend de désespoir à sa propre potence.

L'OARISTIS AU BAS-MEUDON

LUI.

Enfant naïve qui te saoules
Comme les grives en été
D'un grain de raisin becqueté,
Viens en cette île, loin des foules.

ELLE.

Là comme un gazon velouté,
O nymphe de Seine, tu roules
Tes petits flots avec gaîté.

LUI.

Nous entendrons glousser les poules.

ELLE.

Les rainettes et les oiseaux,
Dans les bois, sous les vertes eaux,
Chanteront toute la vesprée.

LUI.

Et tu pourras, discrètement,
Baiser, de ta lèvre pourprée,
Le grand verre de ton amant.

BOURGEOISE MURE

Donc, j'aime la bourgeoise mûre
Inquiète de sa beauté,
Dont le corsage incontesté
Va se bombant comme une armure.

Mélancolique, elle murmure :
« Peut-être suis-je ayant été? »
Juteux, et plus brun qu'une mûre,
C'est le fruit de l'extrême été.

Au diable la maigre cousine,
Et vivent les charmes rassis
De ma bonne grosse voisine,

Où le désir s'emmagasine,
Et de qui s'exhale, assassine,
Une odeur de balais roussis!

POUR L'INAUGURATION D'UN CAFÉ

Après six mois, dans ma demeure,
Pour mieux les remercier tous,
Aux amis de la première heure
J'offre une vaste soupe aux choux.

Saint-Flour n'en a pas de meilleure!
Puis, aux accords de crincrins fous,
Bal à la mode de chez nous...
Et tant mieux si la vertu pleure.

Accourez donc à flots pressés,
Ici vins et cœurs sont Français,
Ici les bocks s'appellent pintes.

Accourez aux cocoricos,
Que jettent à tous les échos
Les coqs de mes assiettes peintes.

A MONSELET

Reste à Nice, Charle! où le thon et le dauphin,
Cabriolant parmi la mer luisante et bleue,
Comme des diamants sur une robe à queue,
Font reluire au soleil leurs écailles d'or fin.

Cependant, sous un bec de gaz, près d'une porte,
Dans un café qu'enduit un criard badigeon,
Moi je regarde autour des bocks de Jean Goujon
S'ébattre et fôlatrer maints poissons d'autre sorte.

Or je t'envie, et c'est pourquoi, cher Monselet,
Tout en rêvant d'azur, je date ce poulet
D'un lieu hanté par nos galantes promeneuses.

Alhambra de voyous, cathédrale d'enfer
Où crispée au plafond, une araignée en fer
Étend sur neuf billards ses pattes lumineuses.

A MARIANI

Si les Faust dans leurs officines
Perchés sur des livres secrets
Changent en bienfaisants extraits
Des herbes parfois assassines,

C'est que là-bas, dans les forêts,
Les sucs des troncs et des racines
Se révèlent aux inspirés.
Primordiales médecines !

Voilà pourquoi, Mariani,
Aujourd'hui, mon rhume fini,
Je rêve à la Magicienne

Fille d'Inca qui t'indiqua,
Trésor de sa race ancienne,
Les monts où mûrit la Coca.

A Mlle BARTET

A LA Ire DE L'ARLÉSIENNE

Exacte : l'air galant et sage ;
Le bandeau plat, brodé menu,
Posé suivant le tour connu,
Encadre bien ce doux visage.

Le fichu blanc et clair dégage,
Par une épingle retenu,
La nuque brune et le cou nu.
Mais le corsage ! le corsage !

Est ce donc là ce joli nid
Qu'un peu de dentelle garnit ?
Je m'y connais, moi qui vous parle.

Vite ôtons cette agrafe d'or.
Ouvrons ces plis... encor... encor !
Et vive le costume d'Arle !

FIN DE SOUPER

Jadis les Romains, dans leurs fêtes,
Plus fiers que nous sinon meilleurs,
Entre les coupes et les fleurs,
S'amusaient de mignons squelettes.

Rappelant, symboles railleurs,
Aux pâles Césars, aux poètes,
Aux belles filles toujours prêtes,
La mort fatale et ses douleurs.

Aujourd'hui les fronts sont moroses
Et les festins n'ont plus de roses,
Essayons de pantins nouveaux,

Pierrot fou, Polichinelle ivre,
Qui, vautrés parmi nos pavots,
Hurlent : « Vivez, il fait bon vivre ! »

A JOSE MARIA DE HEREDIA

Pour ton triomphe, Heredia !
Pour celui qui me dédia
Les cinq fiers sonnets à Priape,
Je veux boire jusqu'à quia

Comme un consul, comme un satrape.
Et, si quelque jour le destin,
Sous forme d'empereur latin,
De ses bienfaits me jugeait digne,

Je voudrais avoir dans ma vigne
Près d'un antre moussu, discret, —
A nous les sesterces d'Auguste ! —

Ton buste, Heredia, ton buste,
Et, certes décent, mais tout juste,
En face, le Dieu qui rirait.

SOUVENIRS DE VALESCURE

A Mlle Andrée Mariani.

Il neige, la nue est obscure,
L'âpre hiver fait hurler les loups,
Mais je rêve, rêver est doux,
A tes matins clairs, Valescure.

Et vaguement je me figure
— Souvenir voilà de tes coups —
Prendre encor, là-bas, avec vous,
Un bain de félicité pure.

Quand le long du torrent tari,
Égarant Andrée et Gri-Gri,
Nous nous en allions avec Jacques,

Corsaires au sombre dessein,
Dans la calanque et dans ses flaques
Sournoisement pêcher l'oursin.

Janvier 1893.

MÉLANCOLIE

A Injalbert.

Oui, je te reconnais, pâle comme Ophélie,
  Compagne des jours noirs, amie aux sombres yeux
  Qui visites parfois les bords silencieux
Le long desquels mon rêve et s'égare et s'oublie.

Car c'est ainsi. L'essor tenté, l'œuvre accomplie,
  Qu'elle soit fine prose ou marbre précieux,
  L'ouvrier s'interroge et retombe, anxieux...
Alors ton heure sonne, à toi, Mélancolie.

Belle, demi-voilée et secourable aux fous,
  Alors tu sais trouver ces mots amers et doux
  Par qui le reconfort jaillit de la souffrance ;

Et nous t'aimons ainsi que te sculpte Injalbert :
Songeant, fille du Doute et sœur de l'Espérance,
Sous l'arbre symbolique où pointe un rameau vert.

LA COCA

A mon ami Angelo Mariani.

S'il est des herbes assassines,
D'autres gardent, baumes discrets,
L'âme innocente des forêts,
Sous l'écorce, au nœud des racines.

Primordiales médecines
Que les mages, les inspirés,
Fixent en tout puissants extraits,
Dans leurs absconses officines.

Allume donc ton Athanor,
Et laisse Flamel créer l'or;
Toi, souriant, l'âme ravie,

Grâce à cette fleur de Coca
Que Manco-capac t'indiqua,
Tu nous distilleras la vie.

LES TITANS

Au docteur Marc Laffont.

Pâle comme la fleur charmante des jasmins,
Vénus, de qui la bouche a des lèvres ailées,
Au cou de Jupiter nouait ses blanches mains.
Les immortels heurtaient leurs coupes ciselées :

« Nuit divine, fais-nous des fêtes étoilées,
Disaient-ils. Les Titans sont morts, et les humains
De nos temples nouveaux apprennent les chemins! »
Mais un cri s'élevant des terrestres vallées,

Tous se taisent ainsi que des larrons surpris ;
Jupiter même a froid dans les bras de Cypris,
Et, fuyant le baiser dont la senteur l'enivre,

Mordant l'or de sa barbe auguste, soucieux,
Il regarde à travers le bleu cristal des cieux
Les Titans foudroyés qui s'obstinent à vivre.

BELLÉROPHON

La chimère a brisé son front contre l'azur ;
Elle fouettait les cieux de ses ailes meurtries
Et le fer de ses pieds rayait le cristal dur...
Le cavalier tomba. — Des gens, dans les prairies,

Virent cet homme étrange en son rouge pourpoint
Se traîner et gémir longtemps sur l'herbe verte.
Pareille au sang nouveau d'une blessure ouverte,
Une lueur captive étincelle à son poing...

Il cria : « Les Dieux ont le ciel, l'ivresse est mienne ! »
A sa ceinture il prit une coupe ancienne
Dans le chêne taillée avec de rudes nœuds ;

Et, riant du poison qui dévorait ses moelles,
Il regardait fumer sur ses doigts lumineux
Le vin mystique et doux fait du sang des étoiles.

(*Le Parnassiculet contemporain*, 1867.)

AVATAR

Près du Tigre, sous l'or des pavillons mouvants,
Dans un jardin de marbre où chante une piscine,
Autrefois je dormis. Une jeune Abyssine
Fort chaste m'enivrait de ses baisers savants.

Plus tard, dans mes palais, des condamnés vivants
Flambaient très clair, enduits de poix et de résine,
Et les fleurs embaumaient. — J'ai forcé des couvents
Et des nonnes, sous une armure sarrasine,

On s'en souvient! — Farouche, à la luxure enclin,
Je me fis franc archer pour suivre Duguesclin,
Et je fus très aimé de deux bohémiennes...

Or, maintenant j'attends l'*Avatar* inconnu,
Et, le cœur plein de ces femmes qui furent miennes,
Je suis chanteur lyrique et je couche tout nu.

(*Le Parnassiculet contemporain*, 1867.)

II

TABLEAUX PARISIENS

ET PAYSAGES

LA BOUQUETIÈRE

A Joseph Uzanne

Épris de Margots idéales
Et rêvant au siècle dernier,
Je la rencontrai près des halles
Qui portait un petit panier...

Elle était blonde, presque rousse,
L'œil malin, mais bon en dessous ;
Et vendait, piqués dans la mousse,
De petits bouquets à deux sous.

Mon caprice en cette matière,
D'un peu d'amour se compliquait,
La fraîcheur de la bouquetière
Me fit désirer son bouquet,

Car elle était fraîche à merveille ;
Ses fleurs avaient l'air engageant ;

Mais j'avais trop soupé la veille :
Il ne me restait plus d'argent !

Frontin, je le dis sans reproches,
Avait, ce matin, oublié
De mettre de l'or dans mes poches...
Et j'étais fort humilié.

Elle, devinant ma pensée,
Prit le bouquet entre ses doigts :
— « C'est le dernier, je suis pressée.
« Vous me paierez une autre fois. »

Puis elle rit, étant de celles
Qui plébéiennes au cœur haut,
D'une reprise à ses dentelles
Faisaient crédit à Diderot.

TRISTESSE D'HIVER

Il neige, le gaz étincelle...
Sur les trottoirs poudrés de blanc,
Plus d'une jeune demoiselle
Va de son pas tranquille et lent.

Estelle, Rose et Turlurette
Sont en quête de messieurs blonds,
Qui les mènent chez Grosse-Tête
Où — dans de tout petits salons,

Rouges, bleus, et tabac d'Espagne —
Les belles, entre deux baisers,
Parmi les perles du champagne
Trempent leurs jolis nez rosés.

Nos petites dames sont tristes ;
Les trottoirs sont si mal chauffés,

Et les hommes — ces égoïstes —
Boivent tout seuls dans les cafés !

Voyez-les à travers les vitres
Pieusement se goberger,
Les garçons leur servent des huîtres
Qu'ils arrosent d'un vin léger.

Il fait très froid, chacun s'enferme.
Estelle dit : — Chien de métier !
Turlurette songe à son terme,
Rose, qui pense à son bottier

Soupire : — « Hélas ! quand reverrai-je
Mon Anglais de Valparaiso ?... «
Ses petits talons sur la neige
Marquent comme des pas d'oiseau.

Et de ses pauvres mains rougies
Troussant sa robe de combat,
Elle contemple ces orgies
Scandaleuses du célibat.

MONTPARNASSE

L'air était froid, le temps trop clair et la bise aigre ;
Un corbillard chargé d'un pauvre cercueil maigre,
Avec ses chevaux noirs, son cocher noir et blanc,
Montait la vieille rue en pente, trimballant
Son mort ainsi que moi ma douleur.
                              Lent et morne
Je le suivis. Seul dans le ciel un grand tricorne
M'apparaissait, et moi j'étais heureux de voir
Que les gens arrêtés sur le bord du trottoir,
En saluant la mort saluaient ma misère.   [tière.
— Dia ! dia ! carcan... Hue ! — On entrait au cime-
Au fond d'un long trou noir par le cordeau tracé,
A son rang, le cadavre inconnu fut versé ;
Un prêtre récita des psaumes et des proses
En se pressant...
                Or, dans un coin, de pâles roses
Qui me semblaient railler doucement mes ennuis
Tremblaient à l'air, parmi l'amertume des buis.

Moins triste alors, le long des funèbres allées,
Des pelouses de mort par les tombes dallées
Que bordent des cyprès et des pins tout petits,
Je respirai la joie une heure et je sortis.
Sur la porte, oublieux des choses éternelles,
Des croque-morts très gais s'attablaient aux tonnelles
Et savouraient, leur verre à la hauteur de l'œil,
L'ivresse à bon marché du clairet d'Argenteuil.
Carrick au vent, pipe à la bouche, et mine haute
Les cochers descendaient au grand galop la côte
Qu'ils remplissaient d'un bruit de ferraille et de voix.

Et moi, débarrassé de mon faix d'autrefois,
J'allais sifflant le long de la chaussée humide,
Gai comme un corbillard qui s'en retourne à vide.

COULEURS NOUVELLES

Elle trottait, leste et mutine,
Penchée au bras de son amant;
Et, de sa toque à sa bottine,
Tout était rouge également.

La robe, le plumet qui bouge,
Les festons du corsage neuf,
Tout chez elle était rouge, rouge,
Rouge comme un Quatre-vingt-neuf.

Et, tissu de pourpre et de flamme,
Plus flamboyant près des bras nus,
Son costume étalait la gamme
De tous les tons rouges connus.

Car elle avait eu ce caprice,
Aux regards de Paris transi,

Reine, cocotte ou bien actrice,
De s'habiller de rouge ainsi.

Les bons bourgeois, se disaient : « Certe !
Les fanfreluches que voilà,
Quelque fée ou la reine Berthe
Sur son grand rouet les fila.

Puis, des follets entre deux danses
Ont dû pour trouver ces couleurs
Et ces aveuglantes nuances
Broyer des rayons et des fleurs,

Mais Berthe n'a plus de quenouille,
La vapeur remplace Ariel ;
Et c'est maintenant de la houille
Que l'on extrait tout l'arc-en-ciel.

La vapeur tisse, et la chimie
Réveille, après mille et mille ans,
L'antique lumière endormie
Sous terre au cœur des blocs pesants.

Et c'est pour que tu t'achemines,
Parée ainsi, je ne sais où,
Que de noirs mineurs dans leurs mines
Meurent cent et mille d'un coup.

Qu'en penses-tu, Parisienne?
Mais tu n'as pas le cœur mauvais!
Notre pitié serait la tienne,
Tu pleurerais si tu savais

Qu'aujourd'hui, songeant à ces choses,
Et quand tu riais, un passant
A tes rubans rouges et roses
A vu comme un reflet de sang.

CHRONIQUE POUR LES OISEAUX

Pourquoi cette chronique en vers?
Eh! mon Dieu! c'est entre autres choses,
Parce que les sentiers sont verts
Et que les toilettes sont roses,
Parce qu'en de prochains cantons
J'ai vu, moi, vu des hannetons
Compter — tu peux m'en croire, ô Muse! —
Leurs écus enviés des gueux
Sans nul souci des billets bleus
Que la Banque accepte et refuse;
Parce qu'au long des chemins creux
Où le sureau tend ses ombelles
Les belles et leurs amoureux,
Mystérieux et deux à deux,
Vont défilant par ribambelles;
Parce qu'enfin, pleins de mépris
Pour nos toiles et pour nos marbres

Et nos romans saignants ou gris
Dont la clef prête à des paris
Comme le Grand Prix de Paris,
Les oiseaux chantent dans les arbres ;
Parce que croulants, fatigués,
Les lilas craquent, les muguets
Sont en fleurs, et que sur la mousse
Parmi des bois non élagués
Une heure à flâner sera douce.

Oui, simplement, voilà pourquoi !
Car c'est un sort par trop sinistre,
Quand aux champs dont il est le roi
Le printemps a brandi son sistre,
Que de s'embastiller chez soi
En suant l'encre comme un cuistre.

Dans le bois sombre, au bord des eaux
Qu'embaume un fin parfum de menthe,
Tout — la mésange à brune mante
Et la fauvette des roseaux —
Amoureusement se lamente.
Chantons comme font les oiseaux,
Car chanter est chose charmante.
On ne chante pas en tout temps !
Voyez : le rossignol lui-même
Ne chante bien que lorsqu'il aime ;
Mais alors quels sons éclatants,

Quelle passion, quelle flamme,
Et les astres d'or de la nuit
Admirent que si petite âme
Mène dans l'ombre si grand bruit.
Frémissant du col et de l'aile
Sur la branche d'un coudrier,
Son chant où la plainte se mêle
Supplie et charme la femelle
Qui, coquette, se fait prier.

Le nid construit, il chante encore,
Mais plus bas, comme par devoir.
Se taisant bien avant le soir,
Lui qui chantait jusqu'à l'aurore.

Il fredonne à côté du nid.
Cependant que la mère couve,
Dans ses souvenirs il retrouve
Quelques airs... Puis son chant finit!

Le voilà père de famille :
Plus d'amour, donc plus de chansons,
Et c'est maintenant aux pinsons,
S'ils veulent, d'achever son trille.

Entre nous, que prouve ceci?
Mais ne prouvons rien : mes idées,
Sur le rouet de mon récit,

Vont s'embrouillant, mal dévidées.
Et bien mieux vaut, car, par moment,
Chacun paresse à sa manière,
M'excuser de m'être, en rimant,
Permis, je l'avoue humblement,
Un brin d'école buissonnière!

VILLÉGIATURE PARISIENNE

« — Ce Paris me plaît fort avec son ciel gris perle
Égayé de rayons discrets, » disait un merle
A trois jeunes moineaux l'écoutant, bec ouvert.

C'était au Luxembourg, endroit paisible et vert,
Non loin de la fontaine où le lierre enveloppe
Des rochers sur lesquels guette, horrible, un Cyclope,
Cependant qu'au-dessous, dans une grotte assis,
S'enlacent Galathée avec le bel Acis
Au murmure endormant et doux que fait l'eau vive.

Or, le merle ajoutait : — « Oui ! mes amis, j'arrive
Sautillant, voletant, et passablement las,
Des coteaux que la Tour Eiffel cache là-bas.
Dieu ! que Paris est loin et que la route est dure
Pour un merle, à travers ces pays sans verdure

Qu'on m'avait indiqués comme étant le chemin
Qui mène aux frais jardins du quartier Saint-Ger-
[main.
Et puis de là jusqu'au Luxembourg!.. Mais qu'im-
[porte?

Vous me prêterez bien un bout de branche morte
Où me percher. J'avais mon but, j'ai réussi,
Et suis plus que ravi de me savoir ici.
Car, moineaux citadins, ici, dans notre ville,
Un merle paysan peut retrouver l'asile
Que Meudon lui refuse; et, parole d'honneur!
Vous ne connaissez pas, moineaux, votre bonheur,
La paix des champs, hélas!... En hiver, passe en-
[core!
Mais dès que le velours de la mousse se dore,
Dès que près de l'étang se redressent les joncs,
Et qu'au souffle d'avril éclatent les bourgeons,
C'est par tous les tramways et par toutes les gares
Un envahissement de peuplades barbares
Qui, le bâton en main, marchant par rangs serrés,
Apportent le tumulte au fond de nos forêts.

Les bois, retentissants de bruits épouvantables,
Deviennent, pour nous les oiseaux, inhabitables.
Les buissons désormais sont, comme les halliers,
Autant de cabinets vraiment particuliers.
Nous entendons des mots et nous voyons des choses

A faire monter la rougeur au front des roses
Et se fermer l'œil du bluet pour ne point voir.
Puis des savants portant des boîtes en sautoir;
Des soldats; et, cherchant les rimes toutes prêtes,
Avec leurs bons amis les rapins, des poètes.
Voilà la paix des champs aux sereines douceurs.

Et je ne parle pas, pour cause, des chasseurs.
C'est pourquoi, — pardonnez cette liberté grande, —
Heureux moineaux, mes chers cousins, je vous de-
   [mande,
Voyant mon embarras, si vous voudriez bien
Me naturaliser merle parisien,
Pendant trois, quatre mois, jusqu'à ce que, l'au-
Dans la cuve écumante ayant vidé sa tonne, [tomne
Et le bois éclairci montrant l'azur des cieux,
Meudon soit de nouveau calme et silencieux.

En attendant, tant pis pour les nymphes jalouses !
A leurs gazons foulés préférant vos pelouses
D'un si beau vert où du matin jusques au soir
S'égrène en diamants le jet de l'arrosoir,
Je veux parmi ces fleurs s'arrangeant en portiques
M'offrir mille plaisirs discrètement rustiques.
Oui ! je veux, si les Dieux approuvent mon dessein,
Me baigner avec vous autour du grand bassin
Et, tout ragaillardi du frisson que nous eûmes,
Sur quelque statue, au soleil, lustrer mes plumes.

Je veux, dans le parterre aussi fleuri qu'un pré,
Manger le pain qu'émiette un Monsieur décoré,
Puis, quand l'ardent midi brûlera les allées,
Faire ma sieste au sein d'un fourré d'azalées.

Et ce sera charmant! Entre autres agréments,
Le matin je verrai de très jeunes mamans
Broder près d'un bébé qui — Babel périssable —
Se construira de forts châteaux avec du sable;
Or, l'ombrelle et la fleur ayant même couleurs,
Leurs ombrelles seront comme d'énormes fleurs.
Je verrai, promenant des amours peu bruyantes,
Quelques étudiants et leurs étudiantes,
Sûr d'avance qu'aucun d'eux pour me déranger
Ne viendra me chanter les airs de Boulanger.
Je verrai, près du mur d'enclos où sont les treilles,
Le bon Monsieur Hamet éveiller ses abeilles;
Et parmi ces passants qui sont si peu méchants
Je t'aurai retrouvée enfin, ô paix des champs!

Car c'est ici, moineaux fortunés, c'est dans votre
Beau jardin noblement dessiné par Le Notre
Qu'habite le silence, alors que les étés
Exilent hors des murs l'habitant des cités.
Laissons-les tous partir, que Dieu les accompagne,
Assourdissant le bois, encombrant la campagne,
Et croyant fuir Paris qu'ils portent avec eux...

Pour moi, vous daignerez le permettre, je veux
Simplement, bon vieux merle ami de la nature,
Faire à Paris un bout de villégiature ! »

PAYSAGE.

L'automne à Chaville est superbe ;
Le bois par place est resté vert ;
Ailleurs, tournant au vent d'hiver,
Les feuilles s'abattent sur l'herbe ;
Mais les grands chênes, fiers encor,
Gardent leur parure tenace,
Et sentant que le froid menace,
S'habillent de cinabre et d'or.
Qu'importe si le ciel est sombre,
Quand on a la claire forêt ?
Son feuillage ardent qui paraît
Plus radieux au sein de l'ombre
Nous garde en ses rameaux vermeils,
Dans ses feuilles d'or pur baignées
Et de longs rayons imprégnées,
Le souvenir des vieux soleils.

1883.

AOUT EN PROVENCE

L'air est si chaud que la cigale
La pauvre cigale frugale
Qui se régale de chansons,
Ne fait plus entendre les sons
De sa chansonnette inégale;
Et, rêvant qu'elle agite encor
Ses petits tambourins de fée,
Sur l'écorce des pins, chauffée,
Où pleure une résine d'or,
Ivre de soleil elle dort.

CHRONIQUE D'AUTOMNE

             On voit jaillir le blé rosé
             De ses mains pleines d'espérance.
                         Pierre Dupont.

Il fait bleu ! Le temps est superbe
Pour se promener en rêvant.
Averse pourpre dans le vent,
Les feuilles s'abattent sur l'herbe ;
Mais les grands chênes, fiers encor,
Gardent leur parure tenace.
Et, sentant que le froid menace,
S'habillent de cinabre et d'or.

Qu'importe si le ciel est sombre
Quand on a les bois familiers ?
Le couvert rouillé des halliers,
Plus radieux au sein de l'ombre,
Garde, avec des tons de velours,

Dans ses branches d'or pur baignées
Et de longs rayons imprégnées,
Un vague reflet des beaux jours.

Or, j'allais songeant à ces choses,
Loin de la grand'ville, et cherchant,
Sur quelque pente, au coin d'un champ,
Fatigué des apothéoses,
L'apothéose du couchant.

J'allais vers Meudon, Marles, Sèvres,
Noms énamourés, irisés,
Qui mettent le sourire aux lèvres
Quand on les nomme, et me disais :

— Puisque aussi bien la chose est faite,
Et puisque, grâce à nos amis,
Après le tumulte et la fête,
Un peu de repos est permis ;
Puisque, sans qu'on nous cherche noise,
Nous pouvons, le fusil au croc,
Jeter au ciel, ce nous est « hoc »,
Le cri de notre âme gauloise,
Aussi vibrant qu'un chant de coq.

Puisque la France n'est plus seule,
Puisque nous, les vieux combattants,
Nous rions à la sainte Aïeule,

Du rire de nos cinquante ans;
Puisque, secourable à qui pleure,
Parmi les fleurs et les rayons,
Elle est apparue enfin, l'heure
Divine que nous attendions;
Puisque, n'est-ce point la revanche?
D'une aile immense, tout un soir,
Elle a plané, spectrale et blanche,
Sur Paris rouge dans le noir;

Puisque enfin, tant de fois trompée,
Notre chère France un jour peut
Renfoncer au fourreau l'épée
En murmurant son « Dieu le veut! »

Et puisque, changeant en idylle
Nos lamentables déplaisirs,
Pareil au dieu du bon Virgile,
Le tsar nous a fait ces loisirs;
Allons au bois, la brise est douce,
L'automne arbore son pavois
Et le soleil rit dans la mousse;
Que l'ogre roux enfle sa voix,
Que Pulcinello se courrouce,
Allons au bois, allons au bois!...

Et je marchais, fuyant la rue,
Quand, aux confins de la forêt,

Je vis, derrière sa charrue,
Un brave homme qui labourait.
Et, quand je revins, à main pleine,
Avec un geste souverain,
Le même homme à travers la plaine
Jetait l'espérance et le grain.

J'admirais ce vivant poème.
Mais l'homme, sans être troublé,
Me dit :
   — « C'est bien simple, je sème !
Vous voyez, je sème du blé.
Il est temps pour tout, pour la joie
Ainsi que pour la peine ; et quand
Paris se fleurit et flamboie,
Je rustique, moi, bon croquant.
Sur ce plateau que, de ma herse,
Dix fois l'an, solide et têtu,
Je fatigue et je bouleverse,
En Septante on s'est fort battu.
Et, sensible malgré mon âge,
Je sens comme froid dans le dos
Lorsque, au hasard du labourage,
Je retourne quelques vieux os !
Que la Paix dure !...

    Mais j'y pense :
A qui lui portait l'espérance,

Pendant cet octobre vermeil,
Généreuse et fière, la France
N'a pas marchandé son soleil.
Comme échange de courtoisie,
Je voudrais, au prochain hiver,
Que la grande sœur, la Russie,
Songe à notre jeune blé vert,
Et que, par-dessus monts et Prusse,
La neige, dans des tourbillons,
La belle et blanche neige russe
Vienne réchauffer nos sillons.

Et la récolte sera belle,
Et les épis en ribambelle
Et les gerbes d'or par gros tas,
Lourdes à fatiguer les bras,
Couvriront la terre nourrice.

Il est temps que le blé mûrisse
Pour le pain qui fait les soldats ! »

MUSE D'AUTOMNE

O Muse de rubans coiffée,
Muse à la nuque ébouriffée,
Toi de qui Paris s'est épris,
Muse mignonne qui te ris
De la grande bouche d'Orphée;
Muse peu sévère, qui n'as
Qu'un petit fifre au lieu de lyre,
Et pour lauriers que des lilas;
Muse qui sais à peine lire,
Muse, entre toutes, chère à ceux
Qui veulent rester paresseux,
Toi qui verses un saint délire
Avec des flots d'Aï mousseux;

Muse de Paris, non d'Athènes,
Muse aux toilettes incertaines,
Toi qui possèdes, on le sait,
La vaillance des capitaines

Dans le corps du Petit Poucet,
Voici bien longtemps, il me semble,
Oui, Muse, voici bien longtemps
Que, sous prétexte de printemps,
Par les bois nous flânons ensemble!

Tout ce mois, dans les sentiers verts,
Que de chansons et que de vers,
Que de polissonnes idées,
Et que de feuilles regardées
Comme on les regarde... à l'envers!

A Meudon, quand, sous les tonnelles
Que décore un bouchon de houx,
Je démêlais tes cheveux roux
En parlant d'amours éternelles,
Ces bons bourgeois, pleins de courroux,
S'écriaient : Quels polichinelles!

Voici pourtant les premiers froids,
La saison d'Automne est venue,
Qui glace ton épaule nue,
Sous ton fin corsage Henri Trois.
Plus de chansons et plus de fêtes;
Partout les vendanges sont faites,
Seuls, quelques rustres négligents,
Loin des chemins où tu m'entraînes,
Aux coteaux pelés de Suresnes,

Cueillent le vin des pauvres gens.
Et toi, par des froidures telles,
Toi, la Muse des bagatelles,
Tu voudrais le sein mi-gonflé,
Sous un gorgerin de dentelles
Courir les bois à Viroflay?

Vois, sur la mousse des allées
Où se mouillent tes brodequins,
Pleuvoir les feuilles envolées
Comme une averse de sequins;
Songe à tant de Muses gelées!
Et, puisqu'aux cieux d'un rouge clair,
Là-bas, la grande ville allume
Sa grande fournaise d'enfer,
Puisque l'on entend dans la brume
Le sifflet du chemin de fer,
Partons, car le Paris d'hiver
S'éveille, chante, flambe et fume.

Que faut-il, théâtre ou volume?
Les bons livres ne manquent pas
Et, dans nos moindres librairies,
— Rouges, citron, chamois, lilas —
Les vitrines en sont fleuries.
Je veux te parler des amis;
Car, en ce siècle où tout s'imprime,
Entre modestes gens de rime
Un brin de réclame est permis.

Grand merci donc, ami Frémine,
Qui vins hier fleurir mon hall
Du jaune bouquet automnal
Qu'un rayon d'octobre illumine ;
Et toi, grande et fière Rousseil,
Prêtresse digne d'un autre âge,
Pour qui l'Art est comme un soleil
Ensanglantant des ciels d'orage !

Voilà les seuls livres de vers,
Les seuls fagots de lauriers verts
Tombés chez moi cette semaine,
Pendant que Bourget se promène
Heureux sous des climats divers,
Que Bouchor pêche et que Coppée,
La gorge encore un peu grippée,
Médite en son petit jardin
— Ses chats s'y roulant sur le thym —
Quelque humble et poignante épopée.

N'importe, s'il fallait choisir
Et qu'un livre eût la préférence
Le tien seul, Anatole France,
Saurait parfumer mon loisir ;
France, c'est Athène et Florence !

« Dites-moi où n'en quel pays »
Trouver nouvelle plus touchante

Que l'histoire, en prose qui chante,
Du bon Paphnuce et de Thaïs,
Courtisane aux candeurs de lys,
Saint luxurieux comme un pâtre...
Lisons *Thaïs* au coin de l'âtre
Pour mieux en rêver ce printemps ;
Après il ne sera que temps
D'aller faire un tour au théâtre.

Chez Duquesnel, c'est Cléopâtre
Qui, peinte au safran, les reins nus
Descend en Vénus le Cydnus,
Tandis qu'avec Antonius
Sardou pour elle se fait battre.

Mais à l'Odéon — ohé, oh !
Caliban, est-ce mieux ou pire ? —
Porel encourageant Shakspeare,
Nous aurons ce soir le duo
Dont fait un trio l'alouette
Et que la blonde Juliette
Soupire avec son Roméo.

Mais n'oublions pas la musique !
A l'Opéra faisant la nique
Et comptant sur un hiver dur,
Dans l'Eden transformé, Verdhurt
Nous construit un nouveau Lyrique.

Va pour le Lyrique! C'est là
Que Saint-Saëns, retour d'Amérique
Porta *Samson et Dalila*.
Vagues légendes anciennes
Que l'on rajeunit en chansons,
Hélas! quelles comparaisons
Vont faire, en voyant leurs Samsons,
Nos Dalilas parisiennes!

Plus loin, le *Député Leveau*
Gagne tant d'argent que Lemaître
Songe à s'offrir un chronomètre,
Tandis qu'on joue ailleurs le *Maître*,
Espoir du théâtre nouveau.

Mais le triomphe est, Dieu me damne!
Pour *Ma Cousine*. Ainsi que l'âne
D'or broutant à même un rosier,
Aux Variétés qu'il profane
Le public noceur et boursier
Vient chaque soir s'extasier
Devant les grâces de Réjane.

Paris, hein? se fait amusant,
Viens donc, ma Muse, viens nous-en,
Partons, laissons souffler la bise
Et grelotter le paysan!

Au café je te vois assise,
Les garçons, veste au ras du dos,
Fins souliers, culotte précise,
Courent en portant des plateaux;
Et ta chevelure peignée,
Ton fin corsage compliqué,
Les pompons bleus de ton toquet,
Toute ta personne soignée
Embaument l'air comme un bouquet.

C'est de là, c'est de cette place,
C'est de cet endroit bien chauffé,
C'est par les vitres d'un café
Qu'il faut voir son siècle qui passe.
Et, tandis que de plus hardis
S'en vont, les doigts de froid raidis,
Chanter Apollon sous les hêtres,
Laissons la grande lyre aux Maîtres,
Muse chère, il sera meilleur,
Pour soutenir mon chant railleur,
De tailler en pipeaux champêtres
La paille d'un sherry-cobbler!

FLANERIE AU JARDIN

Hier, gardez-m'en le secret,
Dans un clos tout fleuri de menthe
Et plein d'herbe à chardonneret,
J'eus une aventure charmante.

Muet comme un trou de lézard
Dans son impasse à plaque bleue,
C'est au milieu de Vaugirard
Le vrai jardinet de banlieue.

Un mur crénelé de tessons
Où parfois un chat se hasarde;
Par dessus, entre deux maisons,
Un jardin plus grand qui regarde;

Le mur est vieux, croulant et roux,
Màis c'est pour cela qu'il y pousse

Plus d'un brin d'herbe dans les trous,
Et sur la crête un peu de mousse.

Au verger qui devient hallier,
La nature prend ses revanches,
Et depuis vingt ans l'espalier
Librement s'étire les branches ;

Le bassin est embarrassé
De végétation sauvage,
La bordure en marbre cassé
S'y donne des airs de rivage ;

Et sous les vieux arbres, partout
Ce sont des touffes et des gerbes,
Que les jardiniers, gens sans goût,
Appellent de mauvaises herbes.

— « Mais halte-là, l'homme au râteau,
Hors d'ici, les sarcleurs d'allées,
Et qu'on respecte en ce château
Les fleurs rustiques exilées !

Au bec d'un oiseau, dans le vent,
Voyagent leurs graines légères,
Et jusqu'à Paris, bien souvent,
Il en arrive d'étrangères.

Couché comme en pleine forêt,
De vos racines à vos cimes
Qu'on me laisse, amoureux discret,
Vous contempler, fleurs anonymes,

O fleurs qui venez de si loin,
Pour nos yeux sevrés de nature,
Improvisez un petit coin
De forêt vierge en miniature!... »

J'en étais là de mon discours;
Soudain, sortant d'un plan d'oseille,
Un taon bleu-noir, tout en velours,
Vint tournoyer à mon oreille.

Je veux le chasser, c'est en vain!
En vain je veux le faire taire,
Je n'étais plus seul; mon jardin
Eut un second propriétaire.

Et l'intrus, en moins d'un moment,
Remplit sentier, treille et tonnelles
De son grave bourdonnement
Et du frisson clair de ses ailes.

Je rêvais; il allait, venait...
Bref! tout un jour nous possédâmes
A deux, ce joli jardinet
Cher à nos cœurs, doux à nos âmes.

Quand vint le soir, plein de souci,
Je dis : — « Qui m'aime m'accompagne ;
Rentrons à Paris ! » — « Grand merci,
Moi je retourne à la campagne ! »

Et le taon de verdure épris,
Pour bien terminer sa journée,
Disparut, méprisant Paris,
Au tournant d'une cheminée.

A MONTMAJOUR

A Mlle J. Charcot.

Mignonne, vous rappelez-vous,
A l'heure où pleurent les colombes
Près d'une chapelle au toit roux
Ce coin de terre plein de tombes ?

Sépulcres pareils à des nids
Qu'une dévotion naïve
Avait autour des murs bénits
Creusés là dans la roche vive,

Pour que les heureux morts serrés
Sous le linceul blanc comme neige,
Dormissent mieux, étant plus près
Du saint qui sauve et qui protège.

Mais les corps ayant disparu
Et, sur les rocs jadis arides,

Des herbes folles ayant crû
Dans les tombes à moitié vides,

Ces lourds et rudes monuments
D'une foi qui n'est plus la mienne,
Prenaient, mignonne, par moments,
Une grâce vraiment païenne.

De tous leurs jardinets montaient
Des frissons et des senteurs douces,
Les rebords frustes en étaient
Brodés de lichens et de mousse,

Et Virgile aurait cru s'asseoir
Aux élyséennes prairies,
A voir pencher dans l'air du soir
Tant d'asphodèles défleuries.

Deux tombes s'ouvraient dans les fleurs;
L'une grande, l'autre petite
Et comme en font les fossoyeurs
Pour les enfants partis trop vite.

Alors il me vint un désir,
Car c'était une de ces heures
Où l'on souhaiterait mourir,
N'en espérant pas de meilleures :

— « Il ferait bon s'étendre ici
Sans prière et sans patenôtre
Dans ce tombeau que j'ai choisi !
Mais pour qui donc fut creusé l'autre.

L'autre, ce lit d'enfantelet
Qu'envahissent les herbes folles ? »
Or, quelqu'un qui vous ressemblait
Me répondit par ces paroles :

— « L'autre, hélas ! est pour un amour
Qui dura, mourant au bel âge,
De l'aurore à la fin d'un jour !
N'en demandez pas davantage. »

Dans le minuscule cercueil,
Symbole d'existence brève,
Souriants et la larme à l'œil,
Nous ensevelîmes mon rêve.

Et, tranquille, je me disais :
Qu'il dorme sous les asphodèles !
Les amours irréalisés
Sont encore les seuls fidèles.

SOLEIL D'HIVER

Le vieux parc de neige poudré
Laisse dire l'hiver morose,
Et trouvant le ciel à son gré
S'éveille joyeux dans l'air rose.

Sur l'étang clair, froissant les joncs,
La brise passe, presque chaude;
Parmi le givre, des bourgeons
Ont dressé leur frêle émeraude;

Un ton de pourpre non pareil
Sur la neige pâle étincelle,
Tandis qu'elle rit au soleil
Avec des rougeurs de pucelle.

Et la mousse, où les rameaux bruns
Pleurent à claires gouttelettes,
Exhale comme des parfums.
De printemps et de violettes.

SUR LA PLAGE

Un matin je rêvais de Grèce,
Près de la mer, quand, sur le bord,
Passèrent, de l'or dans leur tresse,
Deux mignonnes enfants du Nord.

Par Phoïbos-Apollon, pensai-je,
Dans nos horizons purs, mais secs,
Ces deux fleurs des pays de neige
Troublent un peu mes rêves grecs.

Leur grâce me charme et m'irrite
Sous ce soleil, sous cet azur,
Et les nymphes de Théocrite
N'étaient pas blondes à coup sûr.

Soudain, accourant d'une lieue,
A petits pas, à petits pas,

Une petite vague bleue
Me dit : « Imbécile ! (tout bas),

« Laisse donc là ton esthétique !
Les Grecs n'ont-ils pas fait Cypris
Blonde comme le miel d'Attique,
Blonde comme ces tamaris ?

« Tu peux me croire, je suis franche
J'étais là, par un jour pareil,
Quand elle naquit blonde et blanche
Dans l'écume et dans le soleil.

« Je la vis, rayonnante et pure,
Se dresser sous le ciel joyeux
Du soleil sur sa chevelure
Et de l'azur plein ses beaux yeux.

« Il n'est pas d'églogue qui tienne,
Le blond t'offusque, et puis après ?
Un peu de brise italienne
Fait bien dans des cheveux dorés.

« Comme au jour où Vénus est née,
Ouvrant des yeux bleus comme nous
C'est fête en Méditerranée,
Et notre azur semble plus doux,

« Plus joyeux frémit à la brise
Le rire innombrable des flots,
Plus blanche l'écume se brise
Aux pointes blanches des îlots.

« Et c'est Vénus, malgré les âges,
Vénus que nous nous rappelons
Quand se mirent près de nos plages
Des yeux bleus et des cheveux blonds. »

III

NOELS

NOEL EN MER

> *Thamus ne répondit qu'à la troisième fois, et la voix lui commanda, lorsqu'il serait entré en un certain lieu, de crier que le grant Pan était mort.*
> PLUTARQUE.
> (Des oracles qui ont cessé.)

Lorsque le vieux Thamus, pâle et rasant le bord,
A la place prescrite eut crié : « Pan est mort! »
Le rivage s'émut, et sur les flots tranquilles
Un long gémissement passa, venu des Iles :
On entendit les airs gémir, pleurer des voix,
Comme si sur les monts sauvages, dans les bois
Impénétrés, les dieux, aux souffles d'Ionie,
Les dieux, près de mourir, disaient leur agonie,
Le soleil se voila de jets de sable amer :
Un âpre vent fouetta les vagues de la mer,
Et l'on vit soufflant l'eau de leurs glauques narines
Les phoques de Protée et ses vaches marines
S'échouer, monstrueux et pareils à des monts,
Sur l'écueil blanc d'écume et noir de goëmons.
Puis, tandis que Thamus, le vieux patron de barque,

Serrait le gouvernail et jurait par la Parque,
Un silence se fit et le flot se calma.
Or, le mousse avait pu grimper en haut du mât
Et, tenant à deux mains la voilure et l'antenne,
« Père! s'écria-t-il tout à coup, capitaine!
Père! un vol de démons ailés et familiers
Vient sur la mer, dans le soleil, et par milliers,
Si près de nous que leur essaim frôle les planches
De la barque! je les vois passer, formes blanches.
Ils chantent comme font les oiseaux dans les champs,
Leur langue est inconnue et je comprends leurs chants.

Ils chantent : « Hosanna! » Les entendez-vous, père?
Ils disent que le monde a fini sa misère,
Et que tout va fleurir! Père, ils disent encor
Que les hommes vont voir un nouvel âge d'or!
Un Dieu nous le promet, un enfant dont les langes
N'ont ni dessins brodés à Tyr, ni larges franges
Pourpres, et qui vagit dans la paille et le foin...
Quel peut être, pour qu'on l'annonce de si loin,
Cet Enfant-Dieu, né pauvre, en un pays barbare? »
D'un coup brusque le vieux Thamus tourna la barre.
« Les démons ont dit vrai, mon fils, depuis le temps
Que Jupiter jaloux foudroya les Titans,
Et depuis que l'Etna mugit, crachant du soufre,
L'homme est abandonné sur terre, l'homme souffre,
Peinant toujours, gelé l'hiver, brûlé l'été,
Sans te vaincre jamais, ô maigre pauvreté!

Qu'il vienne donc! qu'il vienne enfin, l'Enfant débile
Et divin, si longtemps promis par la sibylle;
Qu'il vienne, celui qui, détrônant le hasard,
Doit donner à chacun de nous sa juste part
De pain et de bonheur. Plus de maux, plus de jeûnes;
Les dieux sont bons parfois, mon fils, quand ils sont
[jeunes!
Aimons le Dieu qui naît. Au fond, que risquons-nous?
Nous lui présenterons humblement, à genoux,
L'offrande qui convient à notre humble fortune :
Ce bateau que j'avais, pour l'autel de Neptune,
Taillé dans un morceau de vieille écorce, les
Branches de vif corail prises dans nos filets,
Cette nacre aux reflets d'argent, et, toute fraîche,
Si le temps le permet, notre prochaine pêche...

Et tandis que, là-bas, le peuple des bergers,
Par les sentiers pierreux que bordent les vergers.
Où la vigne biblique aux palmiers se marie,
Allait à Bethléem, venant de Samarie,
Et que, plus loin, sur les chameaux lents et têtus,
A travers le désert hérissé de cactus,
Les Rois Mages, qu'abrite un tendelet de toile,
Graves et les regards au ciel, suivaient l'étoile,
La barque, par delà les flots mystérieux,
Cherchant le jeune Dieu, vainqueur des anciens dieux
Voguait, sa voile rose à la brise gonflée,
Vers Sidon, port voisin des champs de Galilée.

NOEL! NOEL!

POUR UN ALBUM D'ENFANT.

A ma petite amie Marguerite Laffont.

« Noël! Noël! » chantent les cloches.
Noël! Noël! voici Noël!

Le bonhomme a rempli ses poches
De sucre et de gâteaux au miel.

Blanc de givre il descend du ciel,
Portant, à travers monts et roches,
Les cadeaux du Père éternel.

Le dindonneau roussit aux broches.

Ce soir, avant le grand repas,
Les grand'mamans, les grands-papas
Mèneront Grigri, Madeleine,

Qui trotteront à petits pas,
Le nez dans leur fichu de laine,
Les pieds chauds dans leurs petits bas,
Trouvant qu'il fait froid par la plaine,
Vers l'église où la crèche luit.
Voici la messe de minuit :
L'encens fume, l'église est pleine.

Au dehors, les gais carillons,
S'égosillant à perdre haleine,
Sonnent l'heure des réveillons.
Et chacun admire, ô merveille !
Jésus vêtu de brocart neuf,
Dieu couché sur un lit d'éteuf
Qui dort entre l'âne et le bœuf ;
Saint Joseph, la Vierge qui veille...

Demain, fillettes, écoliers,
Au petit jour, dans leurs souliers,
Cependant que l'Angélus tinte,
Ravis, parmi la braise éteinte,
Vont trouver, tout neufs et si beaux !
Les joujoux que Noël dispense.

Enfant, bénis Noël... Mais pense
Aux petits, culotte en lambeaux,
Par tous les chemins de misère,
Sans abri, sans pain et sans mère

S'en allant seuls, besace au dos ;
Pauvrets à qui, pour toute joie,
Noël, parfois mauvais, n'octroie
Que de la neige à pleins sabots.

Valescure, 24 décembre 1892.

LES SABOTS

CONTE DE NOËL

Quand vient le déclin de l'année,
Quand Noël, de retour avec
Son fagot dans la cheminée,
Fait pétarader le bois sec,
Le bon logis, la bonne flamme,
Les vents s'enrageant au dehors,
M'ont toujours ragaillardi l'âme
Pour le moins autant que le corps.

Le cep se tord pleurant sa sève;
Dans de rouges embrasements
Les tisons croulent... moi je rêve
Et poursuis cent petits romans,
Essaim d'or qui voltige et monte
Parmi la flamme des sarments.
Parfois mon roman n'est qu'un conte

Que je me conte à moi sans honte,
A moi seul! L'homme est ainsi fait :
Jeune ou vieux, riche ou pauvre, il aime
Conter, et Robinson lui-même,
Lorsque Vendredi lui manquait,
Robinson tout seul, dans son île,
Racontait de façon civile
Des contes à son perroquet.

En fait d'histoire j'en sais une
Dont l'héroïne aimable et brune,
Parisienne à l'œil coquet,
L'air d'un friquet sous un toquet,
Voulut... Ce début est honnête :
Pourtant quoique le fin du fin
Soit de commencer par la fin
Un volume sans pieds ni tête;
Peut-être qu'en somme il vaut mieux
Conter comme nos bons aïeux,
Tout droit, à la bonne franquette.

A Paris donc, près du moulin
Broyant les cœurs au lieu de grain,
Dont les ailes à moitié fées,
Au gré d'un courant d'air malin
Ont fait se décoiffer en plein
Tant de fillettes mal coiffées,
Donc il y avait à Paris

Certaine brunette aux yeux gris,
Laquelle vivait, étant belle,
Du seul métier qu'elle eût appris...
C'est dire qu'elle était modèle.
Du seul ? Non ! Car dans certains cas,
Lorsque la pose n'allait pas,
En hiver, dans la saison dure,
Suzanne, mal payée, hélas!
Gagnait l'argent de ses repas
Avec des travaux de couture.
On sait toujours faire un ourlet
Ou chiffonner un ruban rose...
Quelquefois aussi rien n'allait,
Ni la couture ni la pose.
Par cet hiver fort inclément,
Il arriva précisément
Qu'à la suite du long chômage,
Un soir de Noël, quel dommage!
Le foyer froid, les doigts rougis,
La misère était au logis.
Suzon, sage comme une image
Et sentant des pleurs à ses yeux
(Car rien n'est triste et douloureux
Comme un Noël qui se présente
Sans souper et sans amoureux),
Soupira : — « Paris rit et chante,
Et réveillonner serait doux,
Mais qui dort soupe, endormons-nous! »

Comme beaucoup d'autres, Suzanne,
Beau fruit brun que le gaz pâlit,
Restait quelque peu paysanne.
Avant que de gagner son lit,
Très ingénûment idolâtre,
Elle voulut mettre dans l'âtre
Ses bottines, sans grand espoir,
En doutant même un peu, pour voir.

Hélas! depuis une semaine
Suzanne trotte et se promène
Venant partout, d'un air confus,
Prier les gens, dire sa peine,
Et ne trouvant que des refus.
Or on use, la chose est sûre,
A courir Paris sa chaussure
Bien plus qu'à courir les vallons,
Et, quoique le pin de Norvège
Change avec ses pavés oblongs
Rue et boulevard en salons,
Sans compter la boue et la neige,
Les bottines, comment dirai-je?
Boitaient un peu des deux talons.

Suzon rougit à la pensée
De se savoir si mal chaussée :
— « Autrefois, pour aller au bois,
On me donnait, si j'ai mémoire,

Des petits sabots, et je crois
Les garder encor dans l'armoire.
Sans être précisément beaux,
Ils sont gentils comme sabots,
Reluisants, en fin cœur de frêne,
Et ces Messieurs du Paradis
Dans mes sabots comme jadis
Pourront me laisser leur étrenne.
Aussitôt dit, aussitôt fait!
Suzanne ouvre armoire et buffet :
Intacts, claqués de cuir bleu tendre,
Les sabots y sont en effet.
Suzon les pose dans la cendre;
Et maintenant du fond du ciel,
Le vieux Noël, le bon Noël,
Avec ses cadeaux peut descendre!
Là-dessus Suzanne se mit
Entre les draps, puis s'endormit.

Maintenant Suzanne voyage.
Il fait froid, elle est au village :
Au bout des champs un vitrail luit,
Tandis qu'en sa tour mal fermée,
Au lointain la cloche enrhumée
Sonne la messe de minuit.
On part, on se presse, on s'appelle;
Comme il fait bon cheminer quand
Le froid rend le gazon craquant!

Puis on arrive à la chapelle.
L'autel s'illumine ; dessus,
Environné de paille fraîche,
Un enfant de cire, Jésus,
Tend les bras, couché dans sa crèche ;
Et graves, vernissés de neuf,
Entre le bon Joseph qui prie
Et la Sainte Vierge Marie,
Soufflent, soufflent l'âne et le bœuf.

Puis le lendemain, quelle joie
De retrouver en se levant,
Dans ses sabots fêlés souvent
Les présents que Noël envoie !
Et Suzon rêvait qu'elle était,
Comme en son enfance première,
Couchée au fond d'une chaumière
Que le bon Noël visitait.

Embrouillée encor dans son rêve,
Au petit jour Suzon se lève
Et court au foyer. Qui l'eût cru ?
Les sabots avaient disparu.
A leur place, sveltes, mutines,
D'un air de conquête, et debout
Sur des talons du meilleur goût,
Brillaient deux superbes bottines.
Cependant les cloches, en chœur,

Mille cloches sonnaient Matines
Et Suzon pleura de bonheur.

Adieu, Suzanne, et bonne chance !
N'as-tu pas, grâce au vieux Noël,
Le viatique essentiel :
Des bottines et l'espérance ?
Trotte dans Paris...

     Moi je pense
Pouvoir finir mon conte ici.
Pourquoi se donner le souci
D'un dénouement, la Providence
Me servant tout fait celui-ci ?
Mais le miracle se fait rare,
Le Paradis s'en montre avare,
La Science nie, et pourtant
Il avait du bon... Je déclare
N'y plus croire en le regrettant
Puisque, pourtant ! il nous faut vivre
Dans un siècle ou même l'enfant,
Dès qu'il peut épeler un livre,
Se rit des vieux saints que défend
A grand'peine leur barbe en givre ;
Puisque Bébé, qui tète encor,
Mais déjà sage entre les sages
Sait que la niche est un décor,
Et que les bergers et les mages,
Les anges blancs, l'étoile d'or,

S'achètent au coin des passages ;
Vous aurez, oh ! j'en fais le vœu !
La vérité mais tout entière,
Telle qu'on me la dit naguère
Et tant pis si le conte bleu,
Rêvé par vous au coin du feu
Finit en idylle vulgaire !

Apprenez donc que l'autre jour,
M'en étant allé faire un tour
D'ateliers, vers cette avenue
Voisine du jardin Monceaux
Où se fabrique par monceaux,
La figure habillée et nue,
Chez le sculpteur... un nom en ki,
Un beau nom, en double consonne,
Enfin n'importe ! Quelqu'un sonne,
On ouvre et je vois entrer, qui ?
Devinez : Suzon en personne !

— « Comment ! on a donc hérité
Pour être ainsi belle et fringante ?
On arrive en carrosse, on gante
Du fin Suède ! En vérité,
Une reine est moins élégante ! »
— « Mon bonheur, comme en un roman,
Dit Suzon, vient d'un talisman.
Car depuis un mois que je porte

Ces petits trottins feuille morte,
Les deux bottines que voici,
Sans effort tout m'a réussi.
Jamais le travail ne me manque,
Et bientôt je pourrai payer,
Si ça dure, en billets de banque,
Ma blanchisseuse et mon loyer.
Écoutez : c'est à n'y pas croire... »
Et Suzanne, de bout en bout,
Allait recommencer l'histoire,
Qu'ivre de bonheur et de gloire,
Elle contait un peu partout,

Quant tout à coup tournant la tête,
Elle aperçut pendus au mur
Entre deux bouquets de blé mûr,
Ses sabots et resta muette.

Soudainement Suzon comprit
(Ces créatures enfantines
Parfois ne manquent pas d'esprit)
La provenance des bottines.

— « Si je savais qui s'est permis ?
— Sachez donc qu'un de mes amis...
— Je le hais !
     — Attendons la suite :

Ayant ailleurs son atelier,
Plus personnellement habite
Rue... hum! Lepic, dans l'escalier
Deux, près des toits.
— Sur mon palier!
— Votre palier?
— Oui, bon apôtre!
— En ce cas un mur, peu discret
Et fort mince, à ce qu'il paraît,
Sépare son logis du vôtre.
Or, — c'était pour Noël — un soir...
Vous rappelez-vous quel Décembre,
Quel brouillard triste et quel froid noir?
Cet ami resta dans sa chambre.
Comme minuit allait sonner,
A l'heure où les saints sont en route,
Soudain, il s'ennuyait sans doute
D'être seul à réveillonner;
Oui! Soudain il lui vint l'idée,
La cloison étant lézardée...
— De regarder?
— Non! sur ce point,
Je jure qu'il ne faillit point.
Mais en appliquant son oreille
Tout près, il entendit, pareille
A votre voix douce, une voix
Qui demandait au vieux bonhomme
Noël rien qu'un miracle comme

Ceux à la mode d'autrefois;
Le souhait était humble en somme.
Alors, profitant du moment
Où Suzon rêvait sous la serge,
— Telle avant le Prince Charmant
Rêvait la Belle au bois dormant —
Il fit faire, oh! bien simplement
Le miracle par la concierge.

Toute surprise, le cœur gros,
Et désormais sachant de reste
Que ni bottines, ni sabots,
N'avaient d'origine céleste :
— « Ainsi donc Noël, c'était vous,
Méchant!...
    — Moi-même, je l'avoue
Et demande grâce à genoux! »

Émue et le rose à la joue
Maintenant Suzanne rêvait.
Ce bonhomme Noël avait,
A la place de barbe blanche,
Quelques frisons d'or en duvet,
Vingt ans, l'œil doux et la voix franche.
Tout de suite Suzon songea
A l'aimer, car la femme est fine.
Lui, pour son compte, aimait déjà.
Les bottines, on le devine,

Durèrent moins que leur amour.
Puis les sabots eurent leur tour,
Car le sculpteur avec sa mie,
Loin de Paris quand vint le mois
Qui fait lever l'herbe endormie
Et rougir la fraise des bois,
S'en allèrent...
    Mais je m'arrête
Et vive Suzon ! Pour sa fête
Noël mit dans son sabot, non
Les trésors que rêve un poète
Mais l'amour d'un loyal garçon,
Du bonheur toute une saison...
C'est la grâce que je souhaite
A de plus riches que Suzon !

LA NOEL DES MOINEAUX

A Gustave Goetschy.

Les cloches à toutes volées
Ont sonné cette nuit, parmi
Le bleu des voûtes étoilées.
Et les moineaux n'ont pas dormi.

Les moineaux en rang sur la branche
S'ébouriffent, groupe tremblant,
Ils trouvent que cette nuit blanche
Est longue, et le matin bien lent.

Et de piailler, surtout les jeunes :
Il fait noir !... Le froid m'engourdit !
L'hiver, c'est la saison des jeûnes !... »
Mais l'ancien de la troupe a dit :

« Si vous possédiez mon grand âge
Et connaissiez le rituel,

Vous sauriez que tout ce tapage
Des cloches annonce Noël,

Noël où seul le méchant pleure,
Noël qui console à la fois
Le pauvre en sa triste demeure
Et l'oiseau frileux dans les bois,

Jadis par une nuit pareille
Le ciel soudain s'illumina,
Des anges en robe vermeille
Passèrent chantant : — Hosannah,

Hosannah! Jésus vient de naître;
O vous tous, les déshérités,
Fermez la porte et la fenêtre,
Prenez le bâton, et partez!

Le temps était épouvantable
Et la neige sur les chemins;
Les bergers partent, dans l'étable
Là bas l'Enfant leur tend les mains.

Chacun aurait voulu les suivre;
Quelques oiseaux, les plus légers,
Malgré le froid, malgré le givre,
Partirent avec les bergers.

Les friquets, hélas! faute d'ailes
Restèrent blottis dans leur coin;
Des cigognes, des hirondelles
Pouvaient seules voler si loin.

Ah! mes amis, les belles choses
Qu'elles contèrent au retour!
Dans un pays couleur des roses
Un enfant blond comme le jour,

Pauvre, mais dont les mains fleuries
Écartant frimas et grésil
Faisaient, en hiver, les prairies
Plus radieuses qu'en avril.

Et depuis, toutes les années,
Maints oiseaux par delà les mers
S'en vont aux plages fortunées
Où les arbres sont toujours verts;

Où, narguant almanachs et dates,
Quand ici nous crevons de faim,
Eux s'empiffrent de fraîches dattes,
Plus douces que le sucre fin;

Où, sans ennuis et sans fatigues,
Ces rentiers qu'il faut envier,

En décembre mangent des figues,
Et des grenades en janvier. »

Sur la branche qui se balance
Les moineaux réjouis en dépit du froid sec
Disent : « L'eau vous en vient au bec !... »
Puis l'orateur, après un long silence :

« Trois fois heureux l'oiseau qui part
Quand l'hiver fait la terre nue,
Mais n'importe ! On aura sa part
De festin, l'aube revenue.

Ouvrez l'œil, regardez : là-bas
Les vitres brillent, l'air embaume,
Et des vapeurs de bons repas
Flottent autour des toits en chaume.

La neige couvre le sillon,
La neige ensevelit la haie,
Mais baste ! grâce au réveillon
L'existence redevient gaie.

Dans les fermes, dans les châteaux,
Dans les vastes hôtelleries,
Que de plats et que de gâteaux
Et que d'exquises sucreries !

Sur les paniers larges et ronds
Ce sont régals de toute sorte ;
Tant mieux ! nous nous arrangerons
Des restes que la bise emporte.

Noël, bienfaiteur enrhumé,
Émiettant galettes et miches,
Distribue au monde affamé
Un peu du superflu des riches,

Bombance ! le couvert est mis.
Aujourd'hui tout le monde dîne,
Et c'est fête ici, mes amis,
Tout aussi bien qu'en Palestine ;

Puis, chacun se sentant meilleur,
Sur quelque cheminée en briques
Que le foyer intérieur
Rend plus chaude que les Afriques,

Nous chanterons gavés, pansus :
Alleluia ! C'est nous qui sommes
Les bons moineaux pour qui Jésus
Naquit tout comme pour les hommes.

IV

CHANSONS

BRISÉIS.

I

Quoi! vraiment, je l'ai déchirée
Cette tunique, dont les plis
Semblaient s'arrondir assouplis
Sur l'épaule de Cythérée!
Là-bas, dans le vent familier
Un fragment arraché s'envole...
Hélas! et je n'ai qu'une obole
Dedans ma bourse d'écolier!

II

O chère Briséis! que n'ai-je
La clef de grands coffres royaux,
Pour effacer sous les joyaux
La déchirure sacrilège?

Rubis, diamants, par millier
S'y croiseraient en trame folle...
Mais, hélas! je n'ai qu'une obole
Dedans ma bourse d'écolier!

III

Non! Briséis, séchons nos larmes :
Demain ton prince aura seize ans,
Et chez les barbares Persans
Il conduira la Grèce en armes.
A tes pieds vont s'humilier
Perles de l'Inde, or du Pactole...
Maintenant, je n'ai qu'une obole
Dedans ma bourse d'écolier!

IV

Oui, dès aujourd'hui je te donne,
Et ce n'est point encore assez,
Mes futurs trésors entassés
Dans Ecbatane et Babylone!
Prends, puisqu'on vient t'en supplier,
Prends, sur ma royale parole!...
Maintenant, je n'ai qu'une obole
Dedans ma bourse d'écolier!

CHANSON ROMANTIQUE

Quatre seigneurs brodés chantaient dans la nuit
    « Puisque nous sommes à boire   [noire :
    Sur la cime des grands monts,
    Vidons un verre en mémoire
    Des belles que nous aimons. »

Le premier d'une voix magnifique et profonde :
    « Je le dirai par le monde
    Au son du fifre et du cor,
    Celle que j'adore est blonde,
    Blonde comme un écu d'or. »

Le second, capitaine aimable et sans fortune :
    « Celle que j'adore est brune :
    La belle dont je suis fier,
    Est pâle comme la lune
    Qui se mire dans la mer. »

Le troisième, dans sa moustache qu'il retrousse :
 « La blonde, est ma foi, trop douce :
 La brune est rude parfois.
 Celle que j'adore est rousse,
 Comme la mousse des bois. »

Et le dernier, très jeune, avec une voix pure :
 « La mienne, par aventure
 Ayant prononcé des vœux,
 Je n'ai pu voir sous la bure
 La couleur de ses cheveux. »

LA SOURCE

CHANSON.

A mon ami Albert Collignon.

I

Je dormais près d'une fontaine,
Dans un paysage oublié
Que le merle connaît à peine :
Une abeille m'a réveillé.
Et tout à coup, l'âme surprise,
J'entends le bruit charmant des eaux,
La voix légère de la brise
Et le chant des petits oiseaux...

Depuis cette mortelle guerre
Il me semblait réellement
Qu'il n'y eût plus de fleurs sur terre
Ni d'étoiles au firmament.

II

D'abord, je ne pouvais y croire :
Quoi ! maintenant comme autrefois
Les petits oiseaux viennent boire
Aux petites sources des bois ?
Quoi ! les fleurs que la brise égaie
Comme autrefois s'ouvrent pour eux ?
Quoi ! Par tous les trous de la haie
Le soleil rit aux amoureux ?

Depuis cette mortelle guerre
Il me semblait réellement
Qu'il n'y eût plus de fleurs sur terre
Ni d'étoiles au firmament.

III

Que de jours perdus, et que d'heures !
Que de jours les plus beaux des jours
Que d'heures, hélas ! les meilleures
Ont ainsi fui, fui pour toujours !
Ces chères heures disparues
Dites-moi, qui me les rendra ?
Sera-ce toi, César des rues !
Toi ? Charlemagne d'Opéra !

Depuis cette mortelle guerre
Il me semblait réellement
Qu'il n'y eût plus de fleurs sur terre
Ni d'étoiles au firmament.

IV

Puis me roulant dans la verdure
Et de tout mon long étendu :
— Voici deux ans que ce train dure
C'est assez de bonheur perdu.
Sous ce peuplier qui frissonne
Laissez mon sommeil s'achever !
Je ne veux plus haïr personne
Je veux oublier et rêver.

Depuis cette mortelle guerre
Il me semblait réellement
Qu'il n'y eût plus de fleurs sur terre
Ni d'étoiles au firmament

V

Non ! la vengeance est la plus forte ;
Mon âme gardera son deuil
Le deuil de la liberté morte
Et de la patrie au cercueil.

Allons ! que l'étoile s'éteigne,
Que le ciel perde ses couleurs,
Que le cœur de la terre saigne
Et que son sang brûle les fleurs !

Depuis cette mortelle guerre
Il me semblait réellement
Qu'il n'y eût plus de fleurs sur terre
Ni d'étoiles au firmament.

VI

Mais comptez sur toute ma haine,
Rois qui fîtes mes jours amers ;
J'en jure par cette fontaine,
J'en jure par ces arbres verts !
Et toi, Déesse, source claire,
Pardonne au fou dont les transports
Ont troublé d'un vent de colère
Le calme sacré de tes bords.

Depuis cette mortelle guerre
Il me semblait réellement
Qu'il n'y eût plus de fleurs sur terre
Ni d'étoiles au firmament.

Mars 1871.

LE MIDI BOUGE.

CHANSON DE MARCHE DES MOBILES DU MIDI.

Bismark devant Paris ⎫
Disait à moitié gris : ⎬ *bis*
  La France est morte
Son pauvre corps est seul ;
  Forçons la porte
Et volons son linceul !
Un', deux, le Midi bouge, ⎫
  Tout est rouge
    Un', deux ! ⎬ *bis.*
Nous nous f...ons bien d'eux !... ⎭

I

Qui veut des ducs, des rois,
Les casques, les croix,
Qui veut les couronnes ?

Qui veut un morceau des trônes
    Berlinois, Badois,
    Saxons, Bavarois?...
Un', deux, le Midi bouge,   ⎫
    Tout est rouge!   ⎬ *bis.*
    Un', deux!   ⎪
Nous nous f...ons bien d'eux!... ⎭

II

Bismarck a du mépris   ⎫ *bis.*
Pour nos pantalons gris ⎭
    Vive la France!
Faisons le sang jaillir,
    Et sans garance,
On saura les rougir!
Un', deux, le Midi bouge, ⎫
    Tout est rouge!   ⎬ *bis.*
    Un', deux!   ⎪
Nous nous f...ons bien d'eux!... ⎭

III

Contre les nouveaux Huns ⎫ *bis*
Levons-nous, soldats bruns! ⎭
    Nos mères pleurent,
Nos hameaux sont brûlés,

Nos frères meurent...
Levons-nous, vengeons-les !
Un', deux, le Midi bouge,
 Tout est rouge !   ⎫
  Un', deux !   ⎬ *bis.*
Nous nous f...ons bien d'eux !... ⎭

IV

Rends-toi ! dit le canon, ⎱ *bis.*
L'arme blanche dit : non ! ⎰
 De Krupp, de Dreyse
 Hardi ! crevons la peau !
 Quatre-vingt-treize
Nous prête son drapeau !
Un', deux, le Midi bouge,
 Tout est rouge !   ⎫
  Un', deux !   ⎬ *bis.*
Nous nous f...ons bien d'eux !... ⎭

V

La baïonnette est là,   ⎱ *bis.*
Teignons-la, plongeons-la ⎰
 Froide et profonde
Dans le flanc des uhlans,
 Et la chair blonde

Des grands cuirassiers blancs!
Un', deux, le Midi bouge,
    Tout est rouge! } bis.
    Un', deux!
Nous nous f...ons bien d'eux!...

VI

O soleil du Midi } bis.
Qui fais le cœur hardi,
    Cuis sur nos plaines
Leurs cadavres en tas!
    Ces chairs germaines
Tu ne les connais pas!
Un', deux, le Midi bouge,
    Tout est rouge! } bis.
    Un', deux!
Nous nous f...ons bien d'eux!...

VII

Demain sur leurs tombeaux } bis.
Les blés seront plus beaux!
    Formons nos lignes,
On aura cet été
    Du vin aux vignes
Avec la liberté!

Un', deux, le Midi bouge,
  Tout est rouge!
   Un', deux!   } *bis.*
Nous nous f...ons bien d'eux!...

LA MOISSON DES LYS

CHANSON RUSTIQUE.

Prenons la faucille et la gourde.
J'aperçois l'orient qui luit.
La chaleur tantôt sera lourde.
Profitons d'un reste de nuit.
Tous en marche, et point de paresse.
Appelez, cognez aux volets.
Je sais une moisson qui presse
Plus que les seigles et les blés.

Moissonneur, mets le bât sur l'âne,
Vois si les flacons sont remplis,
Prends ta faucille paysanne
Et va couper des fleurs de lys !

Depuis quatre mois, ô délices,
On ne voyait sous le ciel bleu

Que lys purs dressant leurs calices,
Peuplés de bêtes à bon Dieu ;

« Si tous ces lys montent en graine,
Murmurait le peuple insolent,
La France à la saison prochaine
Ne sera plus qu'un champ tout blanc. »

Et plein d'une aimable surprise,
« Ah ! soupirait le roi Henri,
Que de lys tremblant sous la brise !
Comme ma France a refleuri !
« Des lys ! j'en ai là pour les mitres,
Pour les coussins, pour les manteaux,
J'en ferai graver sur mes vitres,
Et j'en broderai mes châteaux.

« Des lys, des lys sans qu'on les compte ;
Venez, prélats et courtisans ;
Cent pour toi, duc, vingt pour toi, comte ;
Et qu'on rosse ces paysans !
« Après, en vrai roi gentilhomme,
Nous irons, rien n'est plus aisé,
Planter sur les remparts de Rome
Mon étendard fleurdelisé.

Mais voici que le matin brille... »
Le peuple, ouvrier diligent,

A sorti sa grande faucille,
Et fait tomber les fleurs d'argent.
Et puis, les ayant ramassées,

Dans les fossés du grand chemin
Il les entasse par brassées.
L'eau les emportera demain.

Maintenant, buvons deux rasades,
Les lys ne repousseront pas.
Mais vous oubliez, camarades,
Que la moisson attend là-bas.
En route ! les blés sont superbes.
La cigale crie aux échos,
Et nous mêlerons à nos gerbes
Quelques rouges coquelicots.

Moissonneur, mets le bât sur l'âne,
Vois si les flacons sont remplis,
Car ta faucille paysanne
N'a pas laissé de fleurs de lys.

Juillet 1871.

LE TOUR DES ARTISTES.

CHANSON DES PETITES DAMES DU QUARTIER LATIN,
EN AOUT, QUAND LES ÉTUDIANTS SONT PARTIS

Au mois d'août lorsque, par milliers,
Les clercs avec les écoliers
    A tire d'ailes
Ont pris leur vol loin de Paris
Comme en hiver, sous un ciel gris,
    Les hirondelles.

Quand les caboulots sont déserts,
Quand le Luxembourg a des airs
    De solitude,
Quand des touristes... attardés
Peuplent Bullier, seuls avec des
    Maîtres d'études.

Et quand Larochelle à Cluny
Vernit son Boui-Boui déverni
    Du sol aux cintres,
Alors nos essaims par milliers
Envahissent les ateliers
    Des maîtres peintres.

Chastes comme aux jours anciens,
Nous aimons des musiciens
    Et des poètes.
Mimi dit à Laure : *ma sœur*
Et musette au Dante : *farceur,*
    Quel nez vous faites!

Des rapins qui n'ont pas le sou
Nous mènent dîner Dieu sait où,
    C'est, le dimanche,
A Meudon, près des flots menus,
Où l'on voit des hommes tout nus
    Qui font la planche.

Le Luxembourg est dégoté.
« *O rus, ô rus, quand'ego te!* »
    Disait Horace.
Puis joyeux et vaguement bus,
On reprend le train omnibus
    De Montparnasse.

Aujourd'hui peinture.... demain
Nous nous mettrons au droit romain ;
  Et chaque année
Nous aurons, pour changer d'amant,
Une époque parfaitement
  Déterminée.

C'est le destin, jusqu'au matin
Où, lasses du quartier latin,
  Vers d'autres rives
Nous irons, houris sans turban,
Au Helder ou bien chez Brébant
  Manger des grives.

Les écoliers, humiliés
De voir se traîner à nos pieds
  Boursiers et princes
Et boyards à trente carats,
Iront se cacher, les ingrats,
  Dans leurs provinces.

Notaires, ils exerceront
A Carpentras, à Sisteron,
  Des métiers tristes
Loin de nos restaurants élus ;
Mais votre tour ne viendra plus,
  Pauvres artistes !

CHANSONS DE PIERROT.

I

La nuit, quand la vigne est en fleur,
Un blanc rayon, comme un voleur,
Se glisse dans la treille brune,
Holà, compagnons, c'est la lune.
Sous son clair et tiède baiser,
Le grain vert gonfle à se briser;
Puis, quand la vendange est cueillie,
O lune! ton baiser divin
Donne à l'ivresse du bon vin
Sa pointe de mélancolie.

(*Pierrot héritier*, 1865. Scène I.)

II

Laisse la chambre close
Et le lit parfumé,

Prends ton ombrelle rose
Prends ta robe de mai,
Le printemps nous convie ⎫
Aux amours d'autrefois, ⎬ (*bis*).
Viens entendre, Sylvie,
La musique des bois.

(*Id*. Scène XI.)

MONOLOGUE

ET CHANSON DE POLICHINELLE

Quel vin ! Vit-on jamais escarboucle pareille ?
C'est bien simple : Un rayon flane dans une treille
Et se cache entre les grappes, comme un lézard.
Un brave vigneron passe là, par hasard,
Sans y songer ; du bout de sa serpe il attrape
Le rayon, et le coupe ensemble avec la grappe.
Au panier ! Au panier !... L'homme verse le tout,
Raisins mûrs et rayons, dans la cuve qui bout :
Rayons et raisins mûrs se mêlent dans la cuve,
La cuve qu'on emplit fume comme un Vésuve,
Et voilà la raison qui fait que nous voyons
Ce diable de vin vieux toujours plein de rayons.

(Il chante.)

Du temps qu'on adorait les merles,
Cléopâtre, reine du Nil,

Dans le vin grec jetait des perles
Grosses comme des grains de mil.
Or, je fais, moi, Polichinelle,
    Autrement qu'elle :
En fait de perles, j'aime mieux
Boire une larme de ma belle,
Dans un grand verre de vin vieux !

(*Un duel aux lanternes.* 1873. Scène XI.)

LA VESTE A M. BUFFET

I

L'honorable monsieur Buffet
Tient son costume des dimanches,
Mais qu'il va donc faire d'effet,
L'honorable monsieur Buffet !
Ce costume idéal, parfait,
C'est une veste à quatre manches.
L'honorable monsieur Buffet
Tient son costume des dimanches.

II

Sur la manche de Commercy
Si nous brodions des madeleines ?
Cela ferait très bien ainsi

Sur la manche de Commercy.
Hélas! ces madeleines-ci
D'amer chicotin seront pleines.
Sur la manche de Commercy
Si nous brodions des madeleines?

III

Sur la manche de Mirecourt
Le portrait de Jacquot Eugène.
Il sera beau cet homme court
Sur la manche de Mirecourt;
Buffet eût admis dans sa cour
Ce bonapartiste sans gêne.
Sur la manche de Mirecourt
Le portrait de Jacquot Eugène.

IV

Et le Castel trop Sarrasin
Qui vit Buffet, mais sans l'élire?
Si nous t'arrangions au fusain,
Manche de Castelsarrasin!
On y verrait — sombre dessin —
Un aigle mort sur une lyre.
O le Castel trop Sarrasin
Qui vit Buffet, mais sans l'élire!

V

Et pour Bourges que mettra-t-on ?
Bourges fournit Elbeuf et Londre,
La laine enrichit son canton ;
Et pour Bourges que mettra-t-on ?
Nous mettrons un bon gros mouton
Qui ne veut plus se laisser tondre.
Et pour Bourges que mettra-t-on ?
Bourges fournit Elbeuf et Londre,

COMPLAINTE DE MARIE ALACOQUE

Air de : MA TANTE URLURETTE.

1.

Vers le nord-est de Paris
S'élève un vieux tertre gris;
C'est là que Brunet colloque
   Alacoque (*bis*),
  Marie Alacoque!

2.

Holà! Jean Brunet, tu vas
T'enterrer dans les gravats;
Vois : ta butte se disloque,
   Alacoque (*bis*),
  Marie Alacoque.

3.

N'importe, dit Jean Brunet,
Les buttes, ça me connaît,
Quant aux gravats, je m'en moque.
    Alacoque (*bis*),
Marie Alacoque.

4.

Mon temple brille au soleil,
Qu'on m'en trouve le pareil
De la Bièvre à l'Orénoque.
    Alacoque (*bis*),
Marie Alacoque.

5.

Édifice haut monté,
Notre-Dame à son côté
Aurait l'air d'une bicoque;
    Alacoque (*bis*),
Marie Alacoque.

6.

Thiers n'est plus ! Brunet vainqueur
Nous consacre au Sacré-Cœur
Qui terrassa l'Équivoque?
    Alacoque (*bis*),
  Marie Alacoque.

7.

Dans *Paris-le-Monial*,
C'est un cérémonial
A réjouir Vireloque.
    Alacoque (*bis*),
  Marie Alacoque.

8.

Nous sommes tous convertis,
Tous, grands, moyens et petits;
Chacun chante, prie, invoque
    Alacoque (*bis*),
  Marie Alacoque.

9.

Renan est sonneur; Feydeau
En costume de bedeau,
A Montmartre nous convoque.
    Alacoque (*bis*),
  Marie Alacoque.

10.

Tête basse et corde aux reins
Arrivent les pèlerins,
Sans bas, sans botte ni socque;
    Alacoque (*bis*),
  Marie Alacoque.

11.

Pieusement empressé,
Voici le divin Sarcey
Qui suit, soufflant comme un phoque,
    Alacoque (*bis*),
  Marie Alacoque.

12.

Sous un froc Edmond About
Ne rappelle plus du tout
L'ami cher à Bolingbrocke,
    Alacoque (*bis*),
  Marie Alacoque.

13.

Derrière lui George Sand
Se flagelle jusqu'au sang;
N'a-t-elle pas fait l'*Uscoque*?
    Alacoque (*bis*),
  Marie Alacoque.

14.

Voici Scholl; voici Loyson
Mâchonnant mainte oraison
Dans son ancienne défroque.
    Alacoque (*bis*),
  Marie Alacoque.

15.

Tout fraîchement tonsuré
Le petit père Littré
Célèbre en latin baroque
  Alacoque (*bis*),
 Marie Alacoque.

16.

Catéchumène replet
Sur son bedon Monselet
Porte des lys en breloque.
  Alacoque (*bis*),
 Marie Alacoque.

17.

Gambetta dans son psautier
Garde un brin du Noisetier,
Naquet le voit et l'escroque.
  Alacoque (*bis*),
 Marie Alacoque.

18.

Seul au monde, aigri, blêmi,
Hilaire Barthélemy
Se perd en un soliloque.
    Alacoque (*bis*),
  Marie Alacoque.

19.

D'Aumale en caracolant
Dit : — Vive le drapeau blanc !
Le nôtre était une loque.
    Alacoque (*bis*).
  Marie Alacoque.

20.

Le rouge est couleur de feu ;
Dieu n'aime pas le gros bleu ;
Mais le blanc n'a rien qui choque
    Alacoque (*bis*),
  Marie Alacoque.

21.

Le drapeau des trois couleurs
Attendra des jours meilleurs,
Il déteint et s'effiloque.
  Alacoque (*bis*),
 Marie Alacoque.

22.

Léonide en falbalas
Suit en poussant des hélas!
« Adieu, truffe et salicoque. »
  Alacoque (*bis*),
 Marie Alacoque.

23.

Les beaux jours sont revenus;
D'Antigny, qui va pieds nus,
Se plaint d'avoir une cloque.
  Alacoque (*bis*),
 Marie Alacoque.

24.

Le Shah n'a plus ce matin
Son grand sabre diamantin;
Contre un bourdon il le troque.
    Alacoque (*bis*),
  Marie Alacoque.

25.

Par la sambleu! dit Lockroy,
Le premier qui blague un roi,
En champ clos je le provoque.
    Alacoque (*bis*).
  Marie Alacoque.

26.

Au chant du « *Tantum ergo* »
Amen, répond Arago,
De sa voix de ventriloque.
    Alacoque (*bis*),
  Marie Alacoque.

27.

Tous viennent, comptant leurs pas,
Un, sans plus, n'arrive pas;
C'est Hugo, que le flot bloque,
    Alacoque (*bis*),
  Marie Alacoque.

28.

Tête nue et pieds déchaux.
Reporters et maréchaux
S'offrent un bras réciproque.
    Alacoque (*bis*).
  Marie Alacoque.

29.

Tous, guerriers et professeurs,
Vont célébrant tes douceurs
Sous le casque et sous la toque,
    Alacoque (*bis*),
  Marie Alacoque.

30.

D'ouïr les cloches sonner
Et les psaumes bourdonner,
Le vieux Rabelais suffoque.
    Alacoque (*bis*),
Marie Alacoque.

31.

On revient, dit Arouet,
Au beau temps où l'on rouait;
Cette affaire m'interloque.
    Alacoque (*bis*),
Marie Alacoque.

32.

Butte sainte où Loyola,
Au monde se révéla,
C'est ton passé qu'on évoque.
    Alacoque (*bis*),
Marie Alacoque.

33.

Au Rat-Mort, fier comme un coq,
Belot, l'homme du *bon bock*,
Comme un païen fume et bocke.
    Alacoque (*bis*),
  Marie Alacoque.

34.

Un bon bock le rend content,
Le reste, il s'en fiche autant
Que d'un fort traité de Locke.
    Alacoque (*bis*).
  Marie Alacoque.

35.

Bocker, parfois cela nuit :
Oui, Belot, tu seras cuit,
Pour que le diable te croque
    Alacoque (*bis*),
  Marie Alacoque.

36.

Les Belots et les Courbets,
A l'oreille des gibets
Serviront de pendeloque.
    Alacoque (*bis*),
  Marie Alacoque.

37.

Puis, dans les bûchers bien roux,
Jean Brunet les cuira tous
Ainsi qu'à la belle époque.
    Alacoque (*bis*),
  Marie Alacoque!

LE SÉNATEUR
ET LES GRENOUILLES

FABLE.

Hier un sénateur du Centre
Près du bassin, d'un air vainqueur,
Rêvait et promenait son ventre.
Les grenouilles chantaient en chœur,
Soudain, l'honorable chavire...
Était-ce l'effet du tokay?
Et la grenouillère de rire :
    Bré ké ké ké!

« Que de braves gens à lunettes ! »
Dit-il. En effet, sur le bord,
Les grenouilles et les rainettes
Fixaient l'intrus de leurs yeux d'or.
« Au milieu de cette eau troublée

Je me sens tout interloqué;
On croirait l'ancienne Assemblée. »
  Bré ké ké ké !

Croyez-moi, plus d'un homme en France
A sa place eût été surpris.
Les grenouilles tenaient séance
Ce soir-là parmi les iris.
La plus vieille, ayant pour tribune
Des glaïeuls mêlés en bouquet,
Présidait au clair de la lune...
  Bré ké ké ké !

Une autre, grasse et bâillant d'aise,
Tête à l'air et pattes sur l'eau,
Rappelait, ne vous en déplaise,
Môssieu de Broglie à son bureau.
L'argent et l'or, sur sa peau verte,
Couraient en dessin compliqué;
Et toutes chantaient, bouche ouverte :
  « Bré ké ké ké !

» Bré ké ké ké ! C'est nous qui sommes
Les grenouilles qu'au temps jadis
Dieu fit pour gouverner les hommes.
Nous régnâmes sous Charles X;
Puis, un jour, cet illustre prince

Ayant sottement abdiqué,
Il fallut chanter en province :
Bré ké ké ké!

« Regardant ces splendeurs premières,
Depuis lors, dans de vieux fossés,
Tout autour des gentilhommières,
Nous devisions des jours passés
Et sans écouter nos voix grêles,
La mère chèvre et son biquet
Broutaient l'herbe aux murs des tourelles.
Bré ké ké ké!

« Mais une trombe est survenue
Qui mettant les fossés à sec,
A tout enlevé dans la nue :
Limon, roseaux et nous avec!
La trombe mugit et s'emporte,
Puis nous jette comme paquet
A Versailles, dans cette eau morte.
Bré ké ké ké!

« Ici la vie est calme et douce ;
Le ver rouge ne manque pas,
Dans les roseaux et dans la mousse
On en croque à chaque repas,
Quand c'est fini, chacun digère,

On lit un discours remarqué
Que le public n'écoute guère...
  Bré ké ké ké !

« Sire ! reprenez la couronne,
Écoutez vos féaux têtards ;
Nous réservons pour votre trône
Cette touffe de nénuphars.
Notre-Dame de la Salette
N'a-t-elle pas pronostiqué ?... »
Mais un moineau trouble la fête :
  Bré ké ké ké !

Un moineau passe et dans l'eau bleue
Laisse (le fit-il à dessein ?)
Tomber, en relevant la queue,
Quelque chose dans le bassin.
Tout plonge, prenant pour la foudre
Cette insolence du friquet...
La Droite vient de se dissoudre :
  Bré ké ké ké !

MORALITÉ

Resté seul dans le marécage
Le sénateur dit : — « Cré coquin !
Il eût peut-être été plus sage

De se faire républicain... »
Et, secouant l'eau qui ruisselle
De son buvard en cuir musqué,
Il le met, pensif, sous l'aisselle.
Bré ké ké ké !

LA FAÇADE DU BOCCADOR

CHANT NATIONAL DES ARCHITECTES

I

Boccador fit une façade
Sur laquelle la gloire a lui,
    Gloire à lui !
De plus cette façade a ça de
Particulier qu'elle est de lui.
    Aussi les Ar...
    Aussi les Ar...
Chitectes trouveraient maussade
Que la façad' du Boccador
Ne s'enlevât plus sur fond d'or.

    (Ballet d'Architectes.)

2

Boccador étant architecte,
Exerçait un métier fort beau.
Il fit une maison suspecte,
Sur le même plan qu'un tombeau.
      Aussi les Ar...
      Aussi les Ar...
Chitectes, chacun les respecte,
Et la façad' du Boccador
Se détache sur un fond d'or.

    (Ballet des Architectes.)

3

Il était fier comme un trombone,
Fort comme un marchand de charbon,
Celui qui bâtit la Sorbonne,
Aussi l'appelait-on Sor-bon.
      Depuis les Ar...
      Depuis les Ar...
Chitectes ont tous une bonne !
Et la façad' du Boccador
Se détache sur un fond d'or.

    (Ballet des Architectes.)

4

Bien plus tard, dans les terrains vides,
Au Gros-Caillou, non loin de l'eau,
Qui donc planta les Invalides?
C'est l'Italien Invalo!
  Ma foi! les Ar...
  Ma foi! les Ar...
Chitectes sont des gars solides!
Et la façad' du Boccador
Se détache sur un fond d'or.

  (Ballet des Architectes.)

5

Notre divine architecture
Est évidemment un bel art!
Elle doit tout à la nature
Et n'emprunte rien au hasard,
  Aussi les Ar...
  Aussi les Ar...
Chitectes s'en vont en voiture!
Et la façad' du Boccador
Se détache sur un fond d'or.

  (Ballet des Architectes.)

6

Le plan, l'élévation, la coupe
Sont lavés et puis adoptés,
De gros murs se dressent en groupe
Et tout ça forme des cités.
  Alors les Ar...
  Alors les Ar...
Chitectes vont manger la soupe
Et la façad' du Boccador
Se détache sur un fond d'or.

  (Ballet des Architectes.)

7

Les plus malins font des courbettes,
D'autres combinent des projets,
Le jury choisit les plus bêtes,
Et voilà les concours jugés.
  Alors les Ar...
  Alors les Ar....
Chitectes ont de bonnes têtes,
Et la façad' du Boccador
Se détache sur un fond d'or.

  (Ballet des Architectes.)

8

Boccador fit une façade
Sur laquelle la gloire a lui,
    Gloire à lui !
De plus cette façade a ça de
Particulier qu'elle est de lui.
    Aussi les Ar...
    Aussi les Ar...
Chitectes trouveraient maussade
Que la façad' du Boccador
Ne s'enlevât plus sur fond d'or.

    (Ballet des Architectes.)

MARJOLAINE

Le plumet d'un beau capitaine
A causé cet affreux malheur ;
Plaignez la pauvre Marjolaine
Morte d'amour et de douleur.
Elle était belle, elle était sage ;
Chacun parlait de sa vertu,
Et sous les fleurs de son corsage
Son cœur n'avait jamais battu.
Vint à passer sous sa fenêtre
Le capitaine aux airs altiers ;
Elle l'aima, sans le connaître ;
Lui l'adora trois jours entiers.
Mais, hélas ! le beau capitaine
S'en alla le quatrième jour.
Plaignez la pauvre Marjolaine,
Morte de douleur et d'amour.

V

POÈMES ET FANTAISIES

A CHARLES MONSELET

LETTRE FAMILIÈRE

J'arrive de Monte-Carlo
Où j'ai vu se lever dans l'eau
    La lune ronde
Laquelle à mes yeux éblouis
A fait l'effet d'un gros louis
    Doublé dans l'onde.

Sur les grands escaliers déserts,
Une blondine avec des airs
    Très moscovites
Daignait vers dix heures moins quart,
M'adresser, de son doux regard,
    Quelques invites.

En rougissant, elle passa...
Je n'en suis pas plus fier pour ça ;
    Car le cher ange,

Les astres en furent témoins !
Devait me croire pour le moins
    Agent de change.

Le tapis était engageant ;
Mais n'ayant pas besoin d'argent
    Pour cette année,
J'ai, sous la lune, mieux aimé
M'en aller contempler la Mé-
    Diterranée.

Tout au bord d'un abîme bleu
J'ai cheminé, tremblant un peu,
    Et fait mes frasques
Le long des fabuleux rochers
Où se rôtissent, accrochés,
    Les Monégasques.

Et là parmi les grands cactus
Les aloès tordus, pointus
    En fer de pique
J'ai cru voir passer les turbans
De nos bons vieux aïeux, forbans
    Venus d'Afrique.

Puis, toujours pauvre, mais serein,
J'ai bravement repris le train
    Qui me ramène

Vers les chers remparts couleur d'or
Où je compte bien vivre encor
    Une semaine.

Antibes, vrai paradis, j'en
Puis prendre à témoin d'Alheim (Jean),
    Va voir ses toiles :
Ciels de nacre, criques d'azur
Si claires qu'on dirait un pur
    Salmis d'étoiles.

Contemple ce pays vermeil,
Ce pays tout fait de soleil,
    De nacre et d'ambre,
Où voudrait renaître Vénus,
Où les gamins s'en vont pieds nus,
    Même en décembre;

Et songe, si ton ciel est gris,
Que de la chambre où je t'écris
    Mes flâneries,
Je vois un dattier se penchant
Sur la boutique d'un marchand
    D'épiceries.

ÉPITRE A MANON

J'y songe malgré mes douleurs
A ces belles heures passées
Où vous me rapportiez des fleurs
Qu'on volait aux Champs-Élysées.

Saurais-tu me dire à présent
Ainsi qu'autrefois : « Tiens, regarde,
Voler des fleurs, c'est amusant,
Mais comme j'avais peur du garde ! »

Bénassit pourrait-il encor
Te dessiner les mains petites,
Toute blanche, avec un cœur d'or,
Et pareille à tes marguerites.

Vous aviez un grand perroquet
Grâce à qui, toutes les semaines,

Notre budget se compliquait
De l'achat d'un kilo de graines.

C'était un païen forcené,
Talon rouge, mais fort en gueule,
Que ta mère t'avait donné
Et qu'elle tenait d'une aïeule;

Un perroquet bruyant, charmant,
Un vieux perroquet qui, sans être
Grave extraordinairement,
Avait le calme d'un ancêtre.

Cet oiseau peint sur un blason
Aurait fort bien, armes parlantes,
Symbolisé de ta maison
Les cent traditions galantes.

Tu le caressais, plissant l'œil,
Lui chantait : — « Ça me ravigote ! »
Puis, se gonflant avec orgueil,
Il disait : — « Merci, ma cocotte ! »

Toujours en plein rêve, obsédé
Par un antique répertoire,
Il mêlait Garat et Vadé,
La Régence et le Directoire.

Sa voix semblait comme un écho
De l'époque exquise et lointaine
Où fleurissait le rococo,
Où Manon Lescaut était reine.

Et s'il hasardait quelquefois.
Un vieux refrain trop peu sévère,
Ton cœur l'excusant : — « Ça, tu vois,
C'est la chanson de ma grand'mère ».

Hélas ! ici-bas tout finit,
Et les marguerites volées,
Sur ton chapeau grand comme un nid,
Un beau jour se sont envolées.

Le perroquet cher aux amours
Est mort; maintenant tu te montres
En longue traîne de velours,
Avec des bagues et des montres.

Ces jolis seins que j'ai connus
Se cachent parmi la dentelle.
Où sont les corsets ingénus?
Plus riche, tu te crois plus belle.

Pourtant, malgré ce que tu dis,
Je sais bien, moi, que tu regrettes

Les petits dîners de jadis,
Mon cinquième et mes cigarettes.

Il n'est pas vrai ton sérieux.
Et tu ne m'en veux que pour rire,
J'ai vu tout cela dans tes yeux,
Ces grands yeux clairs où je sais lire.

C'est pourquoi, dimanche, j'irai,
Ayant quelques écus de reste,
Chez Hoffmann, endroit consacré,
Faire un petit repas modeste.

Tu la connais bien, n'est-ce pas ?
Cette avenante brasserie
Toute vigne vierge et lilas,
Qui dans trois jours sera fleurie.

Avec les moineaux, quel concert !
Viens-y, comme autrefois, je gage
Que tu m'aimeras au dessert
En m'ayant maudit au potage.

Sinon quelqu'un me vengera
De la tristesse où tu me plonges ;
Le fantôme d'un gros Ara
Viendra t'apparaître en tes songes ;

Et ce perroquet pourpre et feu,
Se mirant aux glaces pâlies
Du Paradis tendu de bleu
Où si méchamment tu m'oublies,

Pour renouveler ses leçons
Et te reprocher les paresses
De ce long mois sans trahisons
Puisque, hélas! il fut sans caresses,

Crête haute, bec courroucé,
Des éclairs dans son œil en bille,
Dira : — « Manon, c'est insensé :
Vous déshonorez la famille! »

ÉVOCATION.

Au poète Albert Mérat.

J'avais le cœur triste à mourir,
Mais tes vers l'ont fait refleurir,
Tes vers sont venus me guérir

J'ai revu la patrie aimée,
J'ai revu la mer enflammée,
J'ai senti la brise embaumée.

L'odeur des pins parfumait l'air.
Le soleil dressait sur la mer
Son visage splendide et clair.

Des enfants dansaient une danse,
Vingt tambourins tous en cadence
Battaient un vieil air de Provence.

Et je voyais, rêveur charmé,
Passer, blanche, en robe de mai,
Une enfant qui m'aurait aimé !

DIALOGUE
DU BUVEUR ET DU TONNEAU

Amant alterna Camenæ. (Virgile.)

— « De fin bois grenu revêtu,
Dis-moi tonneau, que contiens-tu !
Pour dorer un peu notre brume
Nous apportes-tu dans Paris
La boisson claire que parfume
L'arome des houblons fleuris,
La bière couleur de lumière ?

— « Non, je ne suis pas fût de bière.
Un jour, au fracas de l'airain,
Gallus saura refaire sienne
La pucelle des bords du Rhin
Blonde comme une Alsacienne ;
Mais aujourd'hui ce cher Perret
Par caprice a rempli ma panse

De vin...
   — « Est-il rouge ou clairet?
— « Il est nouveau, gai, guilleret
Et plutôt rouge oui, je le pense!
Nous allons en verser à flot
Dans le grand bock du bon Bellot
Rouge un soir de franc vin de France.

— « Et quel cru?...
      C'est à ton désir;
J'ai deux noms et tu peux choisir,
Clos d'amitié, Clos d'espérance! »

FEMME AU PAON

A Falguière.

Non, Maître, non, mille fois non!
Ta statue est un joyau rare,
Mais pourtant ce n'est pas Junon
Qui m'apparaît dans le carrare.

Malgré qu'elle ait à son côté
Un paon qui, de l'or de sa queue,
Avec noblesse et majesté
Va balayant la voûte bleue,

Son œil, qui reste ensorceleur
A travers la pose hautaine,
Me révèle la grâce en fleur
Des brunes filles d'Aquitaine.

Si, par un matin radieux,
Souriante, ingénue et nue,

Au festin des douze grands dieux,
Pareille Junon fût venue,

Croyant à quelque autre Cypris
Plus belle et française, ô Falguière!...
Le blond Ganymède, surpris,
En eût laissé choir son aiguière.

La nappe, — naturellement,
De nectar se serait rougie,
Et ce notable événement
Nous changeait la mythologie.

Car, rencontrant femme à son goût,
Le roi des dieux, coureur insigne,
N'avait plus besoin, mais du tout,
De devenir taureau ni cygne,

Ou de se transmuer en or;
Danaé, jeunesse perverse,
Dans l'alcôve attendrait encor
La luisante et sonore averse,

Et sur les triomphants sommets
Que l'aigle seul frôle de l'aile,
Jupiter, sage désormais,
Devenait un époux modèle.

E FINITA.....

J'avais le cœur tout embaumé...
A pleurer, me sachant aimé,
Je trouvais de chastes délices;
Et, comme la rosée en mai
Brille claire au fond des calices,
Une larme, pur diamant
Pareil à l'eau des sources vives,
Se cachait douloureusement
Au cœur de mes strophes naïves!

FAUTEUILS ROULANTS

O Centenaire, parmi les
Tas de wagons que tu motives
J'en rêve parfois de moins laids
Que ceux de nos locomotives ;

Et, niant les progrès menteurs,
Je me dis, âme qui regrette,
Chartres a la chaise à porteurs,
Beauvais garde la vinaigrette.

La vinaigrette qu'à Beauvais
L'Auvergnat tire, rose aux joues,
Est, bondissant sur les pavés,
Un coffre que portent deux roues ;

Elle a su me plaire. D'ailleurs,
J'estime autant pour être à l'aise,

Abbèma l'adornant de fleurs,
Notre antique et tranquille chaise.

A Chartres, tout laque et tout or,
La chaise est noble; mais, dans l'Oise,
La vinaigrette affiche encor
Sa grâce vieillote et bourgeoise.

Peut-être aurait-il été neuf
D'adopter, sans nuls ridicules,
En l'honneur de Quatre-vingt-neuf,
Ces inoffensifs véhicules.

En attendant, faute de mieux,
— Puisque nous n'avons, Français veules,
Ni vinaigrette des aïeux,
Ni chaise peinte des aïeules, —

J'accepte le fauteuil roulant
Qu'un pauvre homme galonné pousse;
Le train en serait plutôt lent,
Mais son allure semble douce.

Et, dans ce char construit *ad hoc*,
Je me sens fier, — tel, sur la nappe,
Un poudreux flacon de Médoc
Ou de vieux Châteauneuf-du-pape!

LA FLEUR DE COCA

Pantomime en onze tableaux.

REPRÉSENTÉE POUR LA PREMIÈRE ET UNIQUE FOIS
chez mon ami Angelo Mariani
le 29 juin 1892.

I

Voilà ! tout passe et casse, et Pierrot n'en peut plus.
C'est la fin de Pierrot. Colombine elle-même
Ne reconnaîtrait plus, tant il est maigre et blême,
Son Pierrot de jadis. — « Pierrot, tu le voulus :

II

Trop aimer à la fois est mauvais ; l'âme s'use
Aux fréquentations d'âmes ! « Avec douceur
Colombine s'approche, éthérée, âme sœur ;
Mais Pierrot la connaît, et, dolent, se récuse.

III

M'en voudrais-tu, Pierrot ? — Non, Colombe —
[Pourtant

Si flamboyant jadis, tu me fais grise mine?.. »
Elle insiste; Pierrot inquiet s'examine :
— « Voyons : Dette d'amour se paie argent comptant. »

IV

Et, débiteur pas très en mesure, il avoue :
— « Je suis mort, Colombine, et vis parmi les morts;
Je me pleure! » Un regret compliqué de remords
Pour la première fois met du rouge à sa joue.

V

— Non! doux ami Pierrot, lys double, unique
[amant! »
Soupire à ses genoux Colombine obsédée.
— Mort! puisqu'on peut, hélas! mourir morale-
[ment... »
Mais Colombine rit; la Belle à son idée.

VI

Colombine s'embarque et navigue jusqu'à
Ces pays fabuleux où, tandis que palpite,
Dans le quartz zébré d'or, l'âme de la pépite,
Tu distilles ton philtre adorable, ô Coca!

VII

Or, la Coca, c'est l'or vivant; c'est l'or fluide
Qui refait un pur-sang de l'étalon fourbu;
L'amante tend la coupe et l'amoureux la vide.
Ecce Pierrot redivivus! Pierrot a bu.

VIII

Pierrot, peu confiant d'abord, flaire, puis goûte;
Pierrot rien qu'à l'odeur est tout ragaillardi.
Il lève le flacon d'un grand geste hardi :
— « La Vénus vivandière a versé cette goutte! »

IX

Et, gouffre dont nul œil n'a pénétré le fond,
Dès maintenant Pierrot ne boit plus, Pierrot lampe :
— « Il semble que l'on met de l'huile dans ma
[lampe! »
Car Pierrot est abîme et l'abîme est profond.

X

Pierrot se sent meilleur, Pierrot a l'âme neuve.
Mais, pour chanter à deux le bel hymne d'amour,

Il faut prendre le *la*. Pierrot veut qu'à son tour
Au breuvage divin Colombine s'abreuve.

XI

Et maintenant, le drame heureusement fini,
Soyeux et blanc, avec un espoir de soirs roses,
Colombine et Pierrot, comme aux apothéoses,
S'enlacent en rêvant de toi, Mariani !

MADRIGAL DANS LE GOUT ALLEMAND

L'oiseau noir qui porte des cornes,
Et niche au creux des troncs minés,
Jette son cri morne aux fleurs mornes
Qui pendent des murs ruinés.

Dans l'allée ombreuse et dormante,
Comme sous un balcon l'amant,
Le doux rossignol se lamente,
Se lamente amoureusement.

Écoute, sous l'herbe des rives,
Ces pleurs et ces murmures frais;
C'est le gazouillis des eaux-vives,
Qui jettent aux vents leurs secrets.

Or à ton caprice, fillette,
Pour toi ma voix trouve des airs
Plus doux que la plainte inquiète
Des roseaux verts et des flots clairs,

Plus doux que la note enflammée
Du rossignol parmi les houx,
Et plus tristes, ô bien aimée,
Que le cri morne des hiboux.

POURQUOI FUT FONDÉE LA CIGALE...

C'est pour ne pas perdre l'accent
Que nous fondâmes *la Cigale*.
On parle cent à la fois, cent,
C'est pour ne pas perdre l'accent.
Mais cette cigale, on le sent,
De rosée à l'ail se régale...
C'est pour ne pas perdre l'accent
Que nous fondâmes *la Cigale*.

EIDULLIA

Dans l'ombre froide des vallées,
Près de la neige, au cœur des monts,
Fleurissent nos sœurs désolées
Les fleurs pâles que nous aimons.

Seules, dans l'herbe et dans la mousse
Où le torrent jette ses pleurs,
Elles chantent d'une voix douce...
Moi je sais la chanson des fleurs.

LA LEÇON DE MUSIQUE

A mes petites amies Cladel.

Voici deux petites sœurs; l'une,
L'aînée, ainsi qu'on peut le voir,
Sait jouer *Au clair de la lune;*
L'autre voudrait bien le savoir.

Or, la cadette, blonde et gaie,
Depuis une heure, toute en eau,
De ses mains mignonnes essaie
D'ouvrir l'énorme piano.

« Viens, Thérèse, viens à mon aide! »
Thérèse soulève, en tremblant,
Le pesant couvercle, qui cède.
« Dieu! le beau clavier noir et blanc!

Vois, la musique est en ivoire! »
Dit Lili, très émue au fond;

Puis frappant une touche noire :
« Ces noires, quel bruit elles font !

— Silence ! — Oh ! méchante marraine !...
— Il faut, Lili, parler moins haut,
Si vous voulez qu'on vous apprenne
La chanson de l'ami Pierrot.

— Lili sera sage, Thérèse.
— Écoute alors : *Do, si, la, sol...*
Cette touche, c'est un dièse,
Et puis, d'autres fois, un bémol.

Quels beaux noms ! il faut les écrire.
Dièse, bémol, reprend Lili.
La musique, cela fait rire ;
La musique, c'est très joli ! »

Thérèse, qui veut rester grave,
De son index mieux assuré
Soigneusement parcourt l'octave :
Ré, mi, fa, sol, la, si, do, ré.

Et Lili, joyeuse, l'imite :
Do, ré, ré, mi, mi, fa, sol, la,..
Mais ses petits doigts vont trop vite.
« Non, Lili, ce n'est pas cela !

— Notre chat, de ses pattes roses,
En trottant, parfois réussit
A jouer de très belles choses :
Est-il musicien aussi ? »

Puis elle rit, charmante et folle,
De voir ainsi, d'entre ses doigts,
L'essaim des notes qui s'envole
Comme un nid surpris dans un bois.

Jamais ses mains ne seront lasses :
Lili jouera toujours, toujours !...
Quand soudain deux notes très basses
Vibrent avec de grands bruits sourds ;

Et Lili se bouche une oreille :
Lili n'est brave qu'à demi ;
Lili croit que sa sœur réveille
Quelque vieux tonnerre endormi.

« Le piano ne veut plus qu'on joue ;
Il se fâche... » Et terriblement,
Devant Lili qui fait la moue,
L'instrument gronde un long moment.

PIERROT

SUR LA TOMBE DE THÉOPHILE GAUTIER APPORTE SON HOMMAGE FUNÈBRE.

Lorsque la dalle fut scellée,
Et lorsque le dernier ami
Eut quitté la funèbre allée
Où rêve le Maître endormi,

Un rayon neigea sur les planches;
Et Pierrot, drapé d'un rideau,
Parut entre les tombes blanches,
Blanc et fluet comme un jet d'eau.

Aussi désespérément blême
Qu'aux jours où, posthume et muet,
Son fantôme en deuil de lui-même
A n'être plus s'habituait.

Il ne parla pas, mais son geste
Exprimait un amer souci;
Un bouquet, blanc comme le reste,
Tremblait à ses doigts blancs aussi;

Et son expression mimique
Avec les poses de rigueur
Disait, lamentable et comique,
Les tristesses de son grand cœur.

Soudain, étrange phénomène!
Dans un masque égoïste et blanc
Se lut toute l'angoisse humaine,
Une larme claire, en tremblant,

Des cils à la fine narine
Tomba sans secousse, et de là
Sur le col poudré de farine
Pour la première fois roula.

Or, dans les cieux, une par une,
Les étoiles ouvraient leurs yeux;
Et Pierrot pleurait, et la lune
Versait des pleurs silencieux.

MUSE PAYSANNE.

A Aimé Perret.

Perret, ta muse paysanne,
Nymphe plutôt, nymphe bressane,
Au seuil de l'an près de finir,
Inquiète comme sœur Anne,
Dis-moi, que voit-elle venir?

Sous les chênes et sous les hêtres,
Pourrons-nous, ainsi qu'autrefois,
Malgré la Triplice aux abois
Et les porte-casque et les traîtres,
Boire, ivres du parfum des bois,
La liqueur d'or de nos ancêtres?

Mais chut! car l'oracle a parlé
Du clair gobelet ciselé;
Et dans la mousseuse cervoise
Où rit un rayon de soleil,
Frissonne, indomptable et vermeil,
L'orgueil de notre âme gauloise.

(1895.)

AU STATUAIRE RODIN

Fragment de la porte d'Enfer
Que sculptent tes mains souveraines,
Ami Rodin, tu m'as offert
Un Sphinx de bronze et des Sirènes.

Or j'aime, n'en sois pas surpris,
Tout en redoutant sa caresse
Ta femelle aux genoux meurtris
Qui sur les deux poings se redresse,

Et maigre, raidissant ses reins,
Belle et bestialement nue,
Sous sa chevelure de crins
Offre au désir sa gorge aiguë.

Presque autant qu'elle j'aime encor
Ses sœurs à la chanson perverse,
Dans le palais de nacre et d'or
Où le flot transparent les berce;

Et tes étranges Déités,
La Sphinge, les filles des grèves,
Avec leurs charmes contrastés,
Parfois, depuis, hantent mes rêves.

Lorsque tout dort en mon logis
Elles ont souvent des querelles ;
Comme les nymphes de jadis,
Je les entends causer entre elles.

« Dis-nous, là-bas, qui donc es-tu ?
Sibylle à l'œil plein de tourmentes,
O vieille femme au front têtu,
Qui te tords et qui te lamentes ?

— Et de quel nom vous nommez-vous,
Sous vos parures corallines
Vierges dont le regard est doux,
Vierges dont les voix sont câlines ?

— Pour nous les pâles matelots
Bravent le gouffre qui déferle ;
Nous sommes les filles des flots,
Les Sirènes aux corps de perle.

— Je suis la Sphinge des sommets
Où tourbillonne un vent farouche ;

Mes amants gardent à jamais
L'amer souvenir de ma bouche.

— Si belles nous apparaissons
A l'enfant qui meurt pour nous suivre
Et s'enivrer de nos chansons,
Qu'il en prend le dédain de vivre.

— L'homme m'aime en m'injuriant !
Sous mes caresses infinies
Le plus lâche meurt souriant...
Je fais les nobles agonies !

— L'oubli flotte en nos cheveux longs,
— Ma lèvre froide est savoureuse,
— Nous tuons et nous consolons !
— Je suis l'implacable amoureuse.

— Qui fut nôtre, part sans effroi
En plein azur, l'âme ravie,
Car nous sommes le Rêve. — Moi,
Je suis la Douleur et la Vie. »

VERS D'ALBUM.

Ma mie Annette me demande,
S'étant éprise de l'azur,
Des vers à la mode allemande...
Poète ivre d'un bonheur pur,

Sur une feuille parfumée
Des plus fins parfums d'Orient,
Pour complaire à la bien-aimée.
Je veux, rêvant et souriant,

Je veux écrire que je l'aime
Et que les muguets vont fleurir;
Puis, au dernier vers du poème,
Quand la rime doit s'attendrir,

Dans cette coupe d'onyx, pleine
D'eau transparente, je prendrai

Quelques larmes pour l'inhumaine;
Mon geste alors désespéré

Fera, des barbes de la plume,
Pleuvoir sur le vélin soyeux
Maint diamant clair qui s'allume
Comme une larme au bord des yeux,

Et va mouiller la page blanche.
Annette en verra, s'endormant,
La trace amoureuse aussi franche,
Hélas! que son premier serment;

Et l'enfant qui me tient en laisse,
Froissant ceci d'un doigt calin,
Pourra deviner ma tristesse
Aux pâleurs moites du vélin.

SINGE D'ATELIER

A Jean d'Alheim.

I

Maître Jacques Jacquot, singe encore en bas âge,
Un jour veut se livrer à l'art du paysage.
Dans un immense sac il met trois chevalets;
En guise de pinceaux, il prend quelques balais
Puis, très grave, et rêvant à la grande médaille,
Il s'installe en plein air sous un chapeau de paille.

II

Bientôt Jacque entraîné par des instincts pervers,
Jette la brosse et pille un champ de melons verts.
Un gendarme survient, tandis qu'il les emporte.
Jacques lui dit : — « C'est pour une nature morte! »
Mais hélas! tout gendarme est inflexible quand
Il peut mettre la main sur un vrai délinquant.

III

On arrête Jacquot, on l'entraîne, on l'enchaîne,
On le plonge tout seul dans la prison prochaine.
Lui, proteste, criant comme un essaim de geais :
« — Sous Mac-Mahon les arts sont mal encouragés ! »
Le gendarme sourit et lui répond : — « Tant pire !
Que peut-être on eut tort de renverser l'Empire ? »

MOBILIER SCOLAIRE

POÉSIE DITE

PAR MONSIEUR MARQUET

SOUS LA TENTE WILLIS, A VILLE-D'AVRAY,

le 28 juin 1885

Soyez heureux ! — C'est à vos fils que je m'adresse :
Petits diables de qui l'incurable paresse,
(Ils se rattraperont, certes ! étant plus grands),
Peuple de songes noirs les nuits de leurs parents,
Ou bien doux chérubins revenant chaque année,
La tête de lauriers en papier couronnée,
Mauvais ou bons sujets, n'importe ! C'est pour eux
Que nous allons jouer. — Enfin, soyez heureux !
Il s'agit, dans le cas assez probable où cette
Représentation ferait ici recette,
D'acquérir, tressaillez, lacs de Ville d'Avray !
Un mobilier scolaire, oh ! mais un riche, en vrai...

En vrai bois blanc, très dur. Car rien n'est éphé-
[mère
De ce que veut créer Monsieur *Lemerre*, maire !
Or, étant vieux, je porte envie aux écoliers,
Pour qui les menuisiers font de tels mobiliers,
Et, positivement, alors que je compare
Le sort qui fut le nôtre au sort qu'on vous prépare,
C'est d'une bonne foi parfaite que je dis :
« Aujourd'hui, — soyez-en sûrs, — vaut mieux que
[jadis. »
L'école était jadis, ceci vous semble étrange,
Très généralement une sorte de grange,
Au plancher fait de terre, au plafond surbaissé,
Où quelques mal peignés ânonnaient l'A.-B.-C.
Tandis que dans sa chaire, — Oh ! nullement cu-
[rule, —
Un magister hargneux brandissait la férule.
Quels bancs ! On s'écorchait l'échine et les genoux
Aux ais mal rabotés, d'où ressortaient les clous.
Une planche, geignant de façon lamentable,
Vous servait à la fois de couchette et de table,
Car on dormait dessus en faisant ses bâtons..,
L'école était charmante au temps des hannetons,
Quand, par la vitre ouverte aux brises printanières
Pénétraient, nous parlant d'écoles buissonnières
Et mettant la folie en nos jeunes cerveaux,
Des cris d'oiseaux dans des senteurs de foins nou-
[veaux,

Alors, pour laid qu'il fût, certe! il savait nous plaire
Notre cher mobilier, si pauvrement scolaire.
A grands coups de canif, travaillant au travers
Du vieux bois poussiéreux et tout rongé des vers,
Nous creusions en tout sens des cavernes suspectes,
Où logeaient, surveillés par nous, des tas d'insectes :
Le noir rhinocéros qui porte des fardeaux,
Le taupin, clown doué d'un ressort dans le dos,
Le lucane sournois, mais aimable du reste,
Le charançon vêtu d'or vert et le bupreste...
J'oubliais l'hydrophile avec le gribouri.
Ceux d'entre nous à qui la chasse avait souri,
Arrachaient au bureau quelque débris de planche,
Et, fiers d'avoir d'affreux reptiles dans leur manche,
Ils construisaient, non sans patience et sans art,
Une loge pour leur couleuvre ou leur lézard.
Moi-même, — cet aveu, je le fais avec joie, —
Pour spécialité, j'avais les vers à soie,
Et je les nourrissais de feuille de murier.
L'un fila son cocon entre mon encrier
Et l'histoire de France où se voyaient des types
De rois, que nous ornions souvent de longues pipes.
Il fila son cocon; — Résultat : tout un mois,
Indifférent aux rois ainsi qu'à leurs exploits,
Et faute d'encrier ne pouvant avoir d'encre,
Je me mis à ne rien faire et je passai cancre.
Le maître, intrigué fort, se demandait : comment
A-t-il pu devenir bête si promptement?

Et je riais, tandis que sur tous les pupitres,
Des hannetons liés d'un fil faisaient les pitres.
Doux souvenirs!.. Mais non; vous voyez, je me
[mords
La langue, et je voulais dire : cruel remords.
Vous conseiller, à vous l'espoir de la patrie,
De faire de l'école une ménagerie,
Et de mettre en morceaux, à grands coups de canifs,
Son mobilier? Jamais! Nous fûmes subversifs,
(Il faut comme l'on dit que jeunesse s'amuse),
Subversifs, destructeurs; cependant notre excuse,
Et vous le comprendrez, c'est de l'avoir été
A l'endroit de bahuts croulant de vétusté.
Mais vous allez avoir bancs neufs et tables neuves,
Des cartes vous disant villes et monts et fleuves,
Dessin des continents, immensité des mers,
Tout ce que l'homme sait de ce vaste univers.
Vous aurez sur vos murs, — ce sont là choses sû-
[res, —
Le détail instructif des poids et des mesures;
Vous aurez, vous aurez... (car c'est notre dessein
De vous initier à l'art par le dessin,
Et le relief seul pour l'œil ne sait point feindre),
Un cube, un octaèdre, à côté d'un cylindre;
Des livres, — notre maire en fabrique à foison, —
Un vaste tableau noir pour la grande leçon;
Des plumes, des cahiers réglés, enfin que sais-je?
Vous aurez tout ce qu'ont les riches au collège,

Et même (la chose est entre nous), même s'il
Nous reste quelque argent, chacun votre fusil.
De semblables cadeaux méritent qu'on les traite
Avec égards... Et, puisqu'enfin l'école est prête,
Bien meublée au dedans, bien crépie au dehors,
Allez et devenez des écoliers très forts ;
Apprenez, dédaigneux du vain coléoptère,
A différencier l'hectolitre du stère ;
Et surtout menuisez le moins possible dans
Le sapin frais verni des tables et des bancs.
Si pourtant, par malice ou bien par habitude,
Vous maltraitiez, hélas ! votre salle d'étude,
N'ayez pas des ennuis ni des chagrins trop lourds.
C'est le destin commun : par la suite des jours,
Tout, pierre, bois ou fer, oui, tout passe, tout lasse,
Et tout casse, surtout le mobilier de classe.
D'ailleurs, — est-il permis d'exprimer un désir ? —
En l'abîmant, un peu, vous nous ferez plaisir ;
Car alors, dans vos bois que le beau temps décore,
Nous, les comédiens, nous reviendrons encore,
Par exemple, en juin mil huit cent quatre-vingt-neuf,
Et nous jouerons pour un autre mobilier neuf.

JUPITER PEIGNANT LES COMÈTES

. . . .
Des étoiles restaient entre les dents du peigne !
Sur son trône taillé dans un clair diamant,
Ayant la Kêr à droite, à gauche ayant la Moire,
Zeus tout au fond des cieux souriait gravement,
Et son ongle écrasait les astres sur l'ivoire.

(*Jean des Figues*, 1870, p. 146.)

GAEL'IMAR AU GRAND PIED

Dans un grand lit sculpté, sur deux larges peaux d'ours,
L'écuyer Gaël'imar près de la reine Edwige
Repose. — Ainsi que la loi danoise l'exige,
Ils ont entre eux, veuf de sa gaine de velours,

L'acier d'un glaive nu qui les tient à distance.
Le vieux roi fait la guerre en Chine ; il a chargé
Gaël'imar d'épouser sa femme en son absence.
— « Oh ! qui m'arrachera du cœur l'ennui que j'ai ?

« Je meurs si je n'obtiens ce soir un baiser d'elle
Et le roi me tuera, certes ! si je le prends ! »
Dit Gaël'imar, seigneur très sage et très fidèle.
— « Qu'il est beau, dit Edwige, et qu'il a les pieds grands !

« Comme il sied aux héros qui vont à la bataille,
Il est couvert de fer forgé,... casqué de fer,

Ganté de fer,... chaussé de fer,... et puis l'entaille
Qui lui trancha la joue est charmante. » — L'enfer

Inspire aux amoureux un désir âpre et sombre...
Tout sommeille... L'un vers l'autre, les beaux enfants
Se sont tournés. « Je t'aime! » ont dit deux voix dans
[l'ombre.
Mais le grand sabre : « Holà! moi je vous le défends! »

Comme un puissant baron qui chasse dans les plaines,
La luxure en leur cœur sonne ses oliphants,
Ils se cherchent; déjà se mêlent leurs haleines...
Mais le grand sabre : « Holà! moi je vous le défends! »

Ce fut toute la nuit des angoisses mortelles,
Un loup toute la nuit près des portes hurla,
Et la lune en passant ouït des choses telles
Qu'elle en pâlit... Mais quand finit cette nuit-là,

A l'heure où le soleil dans la neige se cabre,
Où le renard bleu rentre au fond des antres sourds,
Dans le grand lit sculpté, sur les larges peaux d'ours,
Ils étaient froids tous trois : Lui, la femme et le sabre!

(*Le Parnassiculet contemporain*, 1867.)

VI

AMITIÉS ET SYMPATHIES

HOMMAGE

DE QUELQUES VIEILLARDS CÉLIBATAIRES
A DEUX JEUNES MARIÉS.

Pour le Mariage de Jeanne Lemerre.

Si quelque chose nous console
Du vieil âge et de ses affronts,
C'est de voir, ce soir, l'auréole
Que le bonheur mit à vos fronts.

Si quelque chose fait envie
A nous tristes, vieux, par chemin,
C'est de vous voir rêvant la vie
Marcher seuls, la main dans la main.

Si quelque chose encore noie
L'amertume de nos vieux cœurs,
C'est de voir, enfants, votre joie :
Vaincus de l'amour et vainqueurs.

Si quelque chose nous condamne
Nous tous qui n'épousâmes point.
C'est de voir, hélas! ici, Jeanne
Sourire à Louis son conjoint.

Mais s'il est vrai que l'on renaisse,
J'espère bien, ressuscité,
Suivre ton exemple, ô jeunesse
De qui je porte la santé.

15 octobre 1892.

A MADAME CHARCOT

POUR LA REMERCIER DE LA RESTAURATION D'UNE TARASQUE

Elle est superbe, la Tarasque
Restaurée en votre atelier :
Tenant au bec un chevalier
Dont elle a dévoré le casque.

Même un léger torticolis,
L'immobilisant, la complète ;
Les grands sphynx sculptés de jadis
Certes ! ne branlaient point la tête.

Car les chimériques tyrans
Que le caprice humain se crée
Doivent rester indifférents,
Dans l'immobilité sacrée

Et, raide à présent comme pieu,
Cette figurine naïve
Me représente un monstre-dieu
De Babylone ou de Ninive.

DIOGÈNE

A Madame Charcot.

Voulant me mettre à l'unisson,
Aimable et la queue en trompette,
J'ai trouvé la seule façon
De vous souhaiter votre fête,

C'est, au moment où mille vœux,
Palpitant des ailes, essaiment,
D'en gober quelques uns pour ceux
Que vous aimez et qui vous aiment.

Et, connaissant votre grand cœur,
Je suis sûr, sans beaucoup de peine,
Moi, bon chien, de sortir vainqueur
De la joute où vous êtes Reine.

Donc, à Neuilly, dans le jardin
Changé par vous en verte crèche

Que, cent ans et plus, Saladin
Puisse se bourrer d'herbe fraîche.

Que poissons et canards, dans l'eau,
Se livrent à mainte algarade ;
Que je guérisse, et que Carlo
Demeure mon cher camarade.

Qu'à leurs printaniers rendez-vous
Le rossignol et la mésange
Reviennent malgré les cailloux
Du *patron* que le chant dérange.

Que chaque jour l'aube qui naît
D'un rayon plus joyeux éveille
La corneille et le sansonnet
Le sansonnet et la corneille !

Que chaque soir de beaux couchants
Reflétés dans les eaux tranquilles
Baignent de parfums et de chants
Le petit lac et les deux îles.

Que vos poules pour vos repas
Pondent d'énormes œufs de Pâques ;
Que les fourmis ne grimpent pas
Trop aux mollets de monsieur Jacques !

Que toujours — vœu plein de douceur
Mais qui n'a rien de téméraire. —
Jean soit aussi bon que sa sœur,
Jeanne meilleure que son frère.

Que — pour vous trinquant en latin —
Sans grand sabre ni livre austère
Martin et le docte Augustin
Du haut des cieux choquent leur verre,

Et que les ours et les hiboux,
Gardiens empaillés du portique,
Fassent régner chez vous, chez nous,
Une félicité bouddhique!!!

ὁ Διογενής.

Pour copie conforme.

P. Arène.

Le 28 du mois d'Auguste, près de St-Augustin. 1886.

A MADEMOISELLE CHARCOT.

Rêvant de vous aux Baux, en France, endroit coquet
Plein de rais de soleil et de mélancolie,
Je vous envoie, alors que l'Univers m'oublie,
Avec mes souvenirs noués en un bouquet,
Mes vœux pour vous, là-haut, et cette fleur cueillie
A l'angle d'un vieux mur où votre ombre manquait.

Les Baux, 24 mars 1890.

MADRIGAL

A Mademoiselle Jehanne Charcot
qui coiffait Sainte Catherine

———

C'est une charmante saison
Pour coiffer sainte Catherine,
Et vous avez cent fois raison !
Lilas blanc, rose purpurine
Partout fleurissent l'horizon ;
Coiffons-la de fleurs à foison
En lui chantant une oraison
Plutôt joyeuse que chagrine...
Pourtant il est bon de prévoir ;
Et le chapeau de fleurs, un soir,
Noué d'un ruban sur sa tête,
Pourrait gêner Catherinette.
Afin donc que l'heureux forban
Portant casque, toque, turban,
Livre de science ou cuirasse,
Mais aimable, l'en débarrasse,
Ah ! Mademoiselle, par grâce,
Ne nouez pas fort le ruban.

EN L'HONNEUR DU DOCTEUR MARTIN CHARCOT.

ET A PROPOS DE L'HEUREUSE COINCIDENCE DE SA FÊTE AVEC SON ÉLECTION, 1893.

Saint Martin, ému de pitié
Pour le pauvre sans bas ni cotte
Qui se morfond et qui grelotte,
Coupa son manteau par moitié.
Malheureusement la légende
Ne dit pas la couleur du drap :
Était-il blanc, bleu, nacarat,
Ou bien pourpre ? On se le demande...
On ne se le demande plus
Depuis que — douairière endormie
Qui s'éveille — l'Académie
Vous plaça parmi ses élus !
Et ce fut d'un Elbeuf superbe

Ton d'espérance et couleur d'herbe
Que le pauvre se vit couvert,
Puisque Martin, drapier céleste,
A su dans le pan qui lui reste
Trouver pour vous un habit vert.

NOUVEL AN

Bon jour, bon an, bonne santé,
Et qu'Hygia jusqu'à l'été
Préserve de toute ptisane
Dans votre logis enchanté
De l'influenza respecté,
Auguste, Martin, Jean et Jeanne !

Paul Arène,
Rimeur grippé.

ÉPITAPHE

A MON AMI SIGURD, CHIEN.

Hommes, chiens, c'est ainsi qu'à tort
Comme à travers la mort moissonne.
Ci-gît Sigurd : il était fort
Et ne fit de mal à personne.

DÉDICACE.

Pour Injalbert, qui fit mon buste
Et le fit sévère, mais juste.

A ÉMILE

CONCIERGE DE L'ODÉON.

Paraissez, prosateurs, rimeurs ! Fussiez-vous mille,
Pas un ne passera sur le ventre d'Émile !

PORTRAIT.

> « Je dis toujours la vérité, moi! »
>
> Ch. F.

Œil clair, cheveux tous, teint frais, mine
De chef de mer, tel est Frémine
Charles, lequel jamais ne ment,
Quoique barde et quoique Normand!

PROLOGUE

A Étienne Carjat.

Messieurs, je suis Carjat, et je venais vous dire
En vous priant surtout, amis, de n'en point rire,
Ce qui s'apprête et pour quels importants motifs
Je vous convoque ici parmi les objectifs.

Naguère j'habitais vers le quartier Pigalle,
Endroit cher aux rêveurs mais mal hanté le soir,
Près d'une place en pente et vaguement ovale
Où l'on voit un jet d'eau qui de sa vasque sale
Ne verse jamais rien dans un bassin tout noir,
C'était là que j'avais établi mon manoir.

Vif comme l'écureuil qui trotte sur sa branche,
Par le large atelier plein de lumière blanche
Je m'agitais, donnant la pose à mes élus :
— « Fixez-moi ! Non ! Très bien ainsi ! Ne bougeons
[plus ! »

Mes jours étaient sereins et mes épreuves nettes.
En ce temps-là, seigneur ! que je fis de binettes !
Que de nez ! que de fronts par les veilles creusés,
Que de crânes pelés, que de chignons frisés,
Que de mentons mignons qu'en passant tu reluques,
Monselet, que de seins charmants et que de nuques
Dont la chair blanche et grasse avec des frisons d'or
— Régal de l'amoureux, désespoir des eunuques —
Parfois nous fait rêver d'un plus secret trésor !

Mais notre affreux Montmartre est l'envers d'un
[abîme;
Trente mois j'ai vécu pensif sur cette cime,
Où les poètes seuls arrivaient de plein-pied.
Quant aux dames, c'était vraiment une pitié
De les voir, pouff en l'air et façons libertines,
Gravir ces hauts sommets sur leurs hautes bottines.

Celles, comme eût écrit Delille, dont le sort
Dota le char douteux d'un huitième ressort,
La bourgeoise au sein ample ainsi que sa richesse,
La petite marquise et la grande duchesse
Ne trouvaient le chemin ni commode ni court.
En outre, leurs coupés tournaient mal dans ma cour.
Et ces gens à mollets que leur voiture porte,
Se cognaient trop souvent du front contre ma porte.

Il fallait, voyez-vous, se faire une raison,
Renoncer au beau sexe ou changer de maison;
Je passe; j'aperçois ce local qui me tente,
Et j'y plante soudain ma vitrine et ma tente.

Espérons qu'avant peu la foule m'y suivra.
Mes arbres ne sont point des arbres d'opéra,
Mes fleurs ne doivent rien à la grande peinture
Et j'opère moi-même au sein de la Nature.

Mais, je lis votre joie en vos regards surpris :
— « C'est superbe ! » Allez donc conter à tout Paris,
Vous les poètes, vous les femmes adorables,
Que dans ce jardin vert et des plus confortables,
Carjat prétend rester, en dépit des hasards,
Photographe des beaux-arts et des jolis arts !

J'ai dit! Et maintenant que l'on dresse les tables !

Ouvrez le piano, les artistes sont prêts;
Nous pourrons écouter chanter en buvant frais,
Et — bouche par la soif et l'extase arrondie —
Humer le bon champagne avec la comédie.
Car j'ai fait cette nuit le projet infernal
De vous corrompre. Un vin tout d'ambre et point
[banal

— Présent d'un mien ami, qui possède des vignes
Quelque part, — vous attend... Il faut se montrer
[dignes
Des soins exagérés que l'on aura pour vous.
Laissez-vous donc corrompre ainsi, il est si doux
De boire le poison sous ces formes exquises,
Frissonnant dans la neige ou flottant en marquises.
Buvez sec, préparez des articles flatteurs
Et grisez-vous sans peur, comme des électeurs!

A ROSCIUS SYLVANUS, PROVENÇAL,

QUI, SORTANT RÉJOUI DU TEMPLE DE LA FORTUNE,
M'AVAIT OFFERT UNE CHAINE D'OR.

Entre nous, ô Sylvain, filleul du dieu Sylvain,
L'action seule compte et tout discours est vain;
Voilà pourquoi, rêvant de revanche prochaine,
Je t'offre cette chèvre (1) — en or comme ta chaîne!

Paris, le 4 mai 1893.

(1) *La Chèvre d'or*, roman, par Paul Arène.

AU « CAPITAINE » SILVAIN.

Quand le capitaine Silvain
Sur son bateau s'en va-t-en Seine,
L'avertisseur crierait en vain :
« Monsieur le sociétaire, en scène! »
Quand Mithridate, roi de Pont,
Drapant son épervier en toge,
Tourne autour des piles de pont,
Mon Thamus ferait son éloge.
Mais quand, rêvant aux martins bleus,
Il naufrage sur quelque pierre,
Silvain pousse un tel : nom de.... Zeus!
Qu'il en scandalise saint Pierre!

Asnières 1892.

HOMMAGE.

A madame Marc Laffont.

EN LUI OFFRANT, *un jour d'hiver,*
MON VOLUME DES CONTES CHOISIS.

On dit : « Provence et Corse,
Même bois, même écorce... »
Presto donc, à l'instant,
Grigri le permettant !
Pour que Marc se figure
Encor, doux assassin,
Aux bois de Valescure
Chasser le marcassin,
Et pour faire revivre,
Dans Paris, blanc de givre,
Les pays sans hivers
Où le merle s'enivre
Du grain des myrtes verts,
Voici mon petit livre
Avec ces petits vers.

(1896.)

DÉDICACE D'UN LIVRE DE CONTES

A Raoul d'Hubert.

J'offre — et ma joie est sans égale —
Ce volume habillé de vert
Sur lequel chante une cigale.
Mais ma cigalette n'est pas
Celle dont La Fontaine parle,
Elle naquit, là-bas, là-bas,
En Provence, au beau pays d'Arle.
Ma cigalette, au grand jamais,
O fabuliste, le dirai-je,
N'eut, même quand champs et sommets
Grelottent cachés sous la neige,
Besoin de quêter un morceau.
De mouche ou bien de vermisseau
Chez la fourmi trop avisée ;
Nos cigales, filles des cieux,
N'ont chair ni sang comme les dieux,
Et se nourrissent de rosée.

FIN.

TABLE

	Pages.
Préface, par Armand Silvestre...	v

I
SONNETS.

Sonnet de Mars...	3
Sonnet d'Avril...	4
Sonnet d'Août...	5
Sonnet de Décembre...	6
Requiem...	7
Hoc erat in votis...	8
Le beau voyage...	9
Résurrection...	10
Athéisme, sonnet philosophique...	11
Pour un éventail...	12
Carte à payer...	13
Le cabaret...	14
Polichinelle...	15
L'Oaristis au Bas-Meudon...	16
Bourgeoise mûre...	17
Pour l'inauguration d'un café...	18

	Pages.
A Monselet	19
A Mariani	20
A Mlle Bartet, à la première de l'Arlésienne	21
Fin de souper	22
A Jose-Maria de Heredia	23
Souvenirs de Valescure	24
Mélancolie	25
La Coca	26
Les Titans	27
Bellérophon	28
Avatar	29

II

TABLEAUX PARISIENS ET PAYSAGES.

La Bouquetière	33
Tristesse d'hiver	35
Montparnasse	37
Couleurs nouvelles	39
Chronique pour les oiseaux	42
Villégiature parisienne	46
Paysage	51
Août en province	52
Chronique d'automne	53
Muse d'automne	58
Flânerie au jardin	65
A Montmajour	69
Soleil d'hiver	72
Sur la plage	73

III

NOELS.

Noël en mer	79

Noël! Noël!...	82
Les Sabots, conte de Noël...	85
Noël des moineaux...	97

IV

CHANSONS.

Briséis...	105
Chanson romantique...	107
La Source...	109
Le Midi bouge...	113
La Moisson des lys...	118
Le Tour des Artistes...	121
Chansons de Pierrot...	124
Monologue et chanson de Polichinelle...	126
La Veste à M. Buffet...	128
Complainte de Marie Alacoque...	131
Le Sénateur et les Grenouilles...	144
La façade du Boccador...	149
Marjolaine...	154

V

POÈMES ET FANTAISIES.

A Charles Monselet...	157
Epître à Manon...	160
Évocation...	165
Dialogue du Buveur et du Tonneau...	166
Femme au paon...	168
E finita...	170
Fauteuils roulants...	171
La Fleur de Coca...	173
Madrigal dans le goût allemand...	177
Pourquoi fut fondée *la Cigale*...	179

	Pages.
Eidullia	180
La Leçon de musique	181
Pierrot sur la tombe de Théophile Gautier apporte son hommage funèbre	184
Muse paysanne	186
Au statuaire Rodin	187
Vers d'Album	190
Singe d'atelier	192
Le Mobilier scolaire	194
Jupiter peignant les comètes	199
Gaël'imar au grand pied	200

VI

AMITIÉS ET SYMPATHIES.

Hommage de quelques vieillards célibataires à deux jeunes mariés	205
A Madame Charcot	207
Diogène	208
A Mademoiselle Charcot	211
A Mademoiselle Jehanne Charcot qui coiffait sainte Catherine	212
En l'honneur du Docteur Martin Charcot	213
Nouvel An	215
Épitaphe à mon ami Sigurd, chien	216
Dédicace	217
A Émile, concierge de l'Odéon	217
Portrait	218
Prologue	219
A Roscius Sylvanus, Provençal	223
Au « Capitaine » Silvain	224
Hommage à Madame Marc Laffont	225
Dédicace d'un livre de Contes	226

Achevé d'imprimer

PAR LES SOINS

DE M. Angelo MARIANI

SUR LES PRESSES

DE LA Typographie FIRMIN-DIDOT

au Mesnil-sur-l'Estrée

Le 15 Janvier 1900

TYPOGRAPHIE FIRMIN-DIDOT ET Cie. — MESNIL (EURE).

www.ingramcontent.com/pod-product-compliance
Lightning Source LLC
Chambersburg PA
CBHW050653170426
43200CB00008B/1275